LA COUR DE RÉCRÉ

Jean Siccardi

LA COUR DE RÉCRÉ

Roman

Production Jeannine Balland
Romans Terres de France

PRESSES DE LA CITÉ

ISBN 10 : 2-258-06803-7
ISBN 13 : 978-2-258-06803-2

A Louis, mon instituteur

« Et moi dans tout cela ? Je suis une goutte d'eau ? Une poussière d'étoile ? Un caillou ? Et alors ? Que fais-je ? Il me semble qu'il manque quelque chose… Que me manque-t-il ? »

Albert Jacquard, *Etre humain ?* L'Aube, 2005

1

Amélie Philibert essuya ses mains au tablier. Un ragoût d'abats mijotait sur le fourneau. Elle souleva le couvercle en fonte du poêlon. Un fumet de tomates, de lard rissolé, d'huile d'olive, d'herbes et d'oignons s'infiltra sous les solives de la cuisine. Elle ajouta des pommes de terre, des navets, trempa un croûton dans la sauce et goûta en faisant claquer sa langue dans le palais.

— Y manque de tout ! Si je n'étais pas dérangée toutes les cinq minutes !

Le chat, le bout de la queue retroussé, frottait son museau contre une pile de jattes. Elle lui donna une tape. Il fila, le poil hérissé, sous la huche en soufflant un miaulement contrarié.

— Toujours dans mes pattes, après l'homme râle comme un putois si le repas n'est pas prêt !

Amélie parlait tout haut à longueur de journée comme la plupart des paysannes pour ne pas se sentir trop seule. L'écho de sa voix emplissait le rez-de-chaussée de la bâtisse et comblait un interminable abandon. Elle sala, poivra, jeta une gousse d'ail écrasée, du cerfeuil et vérifia la hauteur des flammes. Elle passa un coup de torchon sur la pile, machinalement serra le ruban de son chignon, releva les minuscules rideaux du fenestron et jeta un coup d'œil interrogateur au-dehors.

En cette mi-septembre, un ciel de velours bleu irradiait la montagne. Le soir tombait vite. La lune coulait derrière l'Estérel. Pas un nuage, pas une feuille ne bougeait. Une myriade d'étoiles explosait dans l'immobilité parfaite de la nuit.

— Le gel arrivera peut-être avant l'automne !

— Qu'est-ce que tu radotes encore ?

Elle sursauta ! Julien, son mari, rentrait de la chasse. Il racla ses chaussures sur le rebord de la marche, se débarrassa de la canadienne et s'effondra dans un fauteuil efflanqué. Il bourra sa pipe, l'alluma avec un tison et se laissa aller à de longues méditations. L'âtre crépitait. Les bûches pétaient. Les étincelles éclataient jusqu'au centre de la cuisine. La Truffe, un redoutable chien de berger, malin et rusé, décoré d'une multitude de taches brunes et noires, vint se coucher à ses pieds, le regard tendu vers lui, quémandant de probables caresses. Julien attendait le souper.

Les beaux jours déclinaient. Les sumacs roussissaient les roubines. L'automne et l'hiver approchaient lentement, chargés de pluies et de brouillards. Une période qu'aucun agriculteur n'appréciait. Le troupeau s'ennuyait. Moutons et brebis tournaient dans l'étable. La terre devenait dure comme du ciment. L'herbe gelait. Le plateau de Saint-Hubert se couvrait d'une nuée tenace. Une vie lente et monotone engourdissait le haut pays. Il fallait se résoudre à attendre tranquillement le printemps avec son odeur de prunes et de résine de pin.

Julien s'occupait comme il pouvait, traînant ses galoches aux quatre coins de la propriété. Il coupait le bois, réparait les outils, donnait le sel aux brebis, allait jusqu'au cimetière pour discuter avec les anciens. Le dimanche, il accompagnait Amélie à l'église, et le temps de la messe rejoignait ses amis au bistrot. Il trinquait, payait sa tournée et rebuvait un coup s'il le fallait. Les sempiternelles discussions revenaient immanquablement : la chasse au chamois, les épidémies, les orages, les récoltes perdues, la mort d'un vieux… Sur les coups de midi, son épouse le retrouvait et sans tarder ils rentraient à Saint-Hubert. Ils évitaient ainsi les discussions banales remâchées maintes et maintes fois.

Le crépuscule tombé, Julien cochait la journée passée sur le calendrier des postes, lisait et relisait *La Vie agricole* de la première page jusqu'à la dernière annonce. Lorsque le carillon de l'horloge sonnait sept heures, il ôtait le napperon brodé qui couvrait le poste de TSF et écoutait les informations, l'oreille collée contre le haut-parleur.

— On n'échappera pas à la guerre !

Amélie se signait et baisait le crucifix accroché au-dessus du bahut.

— Ne parle pas de malheur !

— Mussolini d'un côté, les Teutons et les Russes de l'autre, et c'est reparti comme en quatorze !

— Tu vois tout en noir !

— Ce n'est pas ce gouvernement de faux culs, d'incapables qui arrêtera les chemises noires et les revanchards de soixante-dix ! Ils sont nés le couteau entre les dents !

— A quoi ça sert de t'énerver de la sorte ?

— Et les congés payés ? Toutes ces « faignasses » qui se reposent au bord de la mer ou batifolent dans les guinguettes, pendant que les usines prussiennes fabriquent jour et nuit des armes !

— Arrête ! Tu vas te retourner l'estomac ! J'ai l'impression d'entendre mon père radoter !

Les réprimandes d'Amélie le calmaient momentanément. Alors, jouant délicatement avec le bouton, il cherchait d'autres stations radiophoniques où la musique égrenait des refrains swingués et des chansons aux paroles entraînantes : Maurice Chevalier, Trenet, Ray Ventura, la voix brûlante de Rina Ketty. Il fredonnait, pudiquement car le badinage et l'amusement ne faisaient guère partie de sa nature, *Y a de la joie* ou bien *On ira pendre notre linge sur la ligne Siegfried.*

Amélie tourna le ragoût, goûta à nouveau la sauce et parut satisfaite. Elle passa un coup de torchon sur la table, dressa le couvert, trancha la miche et déboucha une bouteille. Julien mâchonnait bruyamment. Il avala coup sur coup deux verres de piquette et poussa un grand soupir. Amélie dévisagea son époux et lut dans ses rides un malaise. Renfrogné dans un mutisme profond, il fallait lui arracher un par un mots et confidences. Julien ne se révélait que rarement, endossant soucis et tracas.

— Le jour où tu me diras franchement ce qui te tourmente, je me porterai mieux !

Julien but à petites gorgées le café brûlant et grignota des cerises à l'eau-de-vie. Les remarques de sa femme l'insupportaient. Le silence ! Il ne désirait que le silence, son silence et s'isoler avec son troupeau sur les hauts pâturages pour se laver l'esprit et oublier le tintamarre insupportable de la vie.

— Qu'est-ce qui t'a pris ! bougonna-t-il.

Amélie fronça les sourcils.

— Tu parles de quoi ?

Il fit un geste agacé et cura sa pipe.

— Tu le sais bien ! lâcha-t-il sans lever la tête.

Il la savait entêtée, mais à ce point-là ! Elle l'avait mis devant le fait accompli ! Il ne put ni se soustraire, ni même se défendre, bien au contraire. A court d'arguments, Julien tentait de ne pas se soumettre à la fatalité et au destin.

— Un môme ! Qu'est-ce que tu veux qu'on en fasse ? Comme si on n'en avait pas assez sur le dos ! Les bêtes, les campagnes, les moissons, le labour et tout le reste...

— Crois-tu que je ne saurais pas le rendre heureux ?

— Pas un jour de repos ! De la fatigue et des emmerdements, c'est ça que tu veux lui offrir en cadeau de bienvenue !

La solitude lui pesait trop, Amélie voulait un enfant, le sien ! Plus l'âge avançait, plus le désir et l'instinct de mère décuplaient à en être insupportables. Julien n'avait jamais su la combler et avait failli à son devoir de géniteur. Elle ou lui ? Lui ou elle ? Le résultat était le même ! Nombre de fois elle se posa la question. Son corps brûlait, ne demandait qu'à couver, qu'à protéger, qu'à nourrir le fruit d'une chair féconde, celui de sa chair. Son sang coulait pour celui qu'elle attendait en vain et qu'elle n'aurait pas. Elle désirait être mère !

— Après nous, des Philibert, il n'y en aura plus ! Si tu veux que le travail de nos parents en soit réduit à des ronces, à des ruines, à un troupeau qui crèvera de faim, nous sommes sur la bonne voie !

— On n'en est pas encore là !

— A quoi ça sert que tu trimes du matin au soir ! Tu peux me le dire ! Au lieu de vieillir comme des imbéciles on se lèvera la peau pour de bonnes raisons !

Julien subissait les assauts de son épouse. Souvent, à court d'arguments, il se murait dans le silence ou tout simplement détournait la conversation.

— Toi, dès que l'on discute, tu montes sur tes grands chevaux ! Mon avis ne compte guère, alors fais ce que tu veux !

Il tapa du poing sur la table.

— Après ne viens pas te plaindre... Et les gens d'en bas, ils vont nous regarder comment ? continua-t-il.

— Eux, je les... Tu vois ce que je veux dire !

— Mais réfléchis ! L'école est à six kilomètres ! L'instituteur, personne ne sait quand il arrivera ! Ici, il n'y a rien qui puisse intéresser un enfant !

— Au lieu de te planter tous les matins sous le marronnier, tu l'accompagneras en classe et le problème sera résolu ! Il trouvera vite des camarades et des occupations de son âge !

Lentement, Julien cédait. Sa carapace se fissurait. Amélie savait que, sous ses dehors rustres et entêtés, une âme profondément généreuse nichait. Plus il se braquait, plus elle se sentait forte et résolue. Elle résistait aux bouderies, aux sautes d'humeur. Un soir il dormit dans une pièce au-dessus de l'étable. Une autre semaine il ne lui adressa pas la parole ; ni un bonjour, ni un bonsoir... Mais elle tenait bon ! Ce n'était qu'une question de patience, et la mère Philibert en possédait !

Dans le secret absolu, elle avait entamé une procédure d'adoption. Le maire de Castelroche Marius Belli avait apprécié la démarche. Un héritier de plus au village ne se refuse pas, bien au contraire. Certains vieux avaient du mal à entretenir les campagnes et le magistrat savait bien que les friches entraîneraient inexorablement la mort du pays. Après leur service militaire, attirés par les promesses de la ville, les jeunes optaient pour un avenir prétendument plus serein et moins contraignant. Le travail à l'usine et les conditions sociales s'avéraient préférables à la pénibilité de la terre. Seul l'esprit de famille, la puissance des racines pouvaient sauver Castelroche d'une situation de plus en plus délicate.

A présent, elle passait ses soirées à coudre, à retourner d'anciens vêtements, à recouper les pantalons de son père, à rapiécer vestes et chemises du grand-père, à préparer une véritable garde-robe.

— Tu ne le connais même pas !

— C'est toi qui le dis !

— Et si c'est pas à sa mesure ?

— Il sera le plus beau et le plus élégant !

— Si c'est une fille, tu auras l'air maligne !

Amélie resta l'aiguille en l'air, l'ouvrage sur les genoux.

— Tu voudrais une fille ?

— Je parle tout simplement...

— Nous aurons un garçon, monsieur, un bonhomme de onze ans qui se prénomme Adrien comme ton grand-oncle ! La responsable des affaires familiales me l'a assuré.

Julien, abasourdi, resta bouche bée. La pipe tomba des lèvres. La cendre du tabac macula un napperon.

— Et tu ne me mets pas au courant ! pesta-t-il.

Il sortit dans la cour pour ne pas laisser la colère éclater. Quelques instants après, il revint et s'assit en face de son épouse qui, imperturbable, continuait son ouvrage.

Elle rêvait d'une maison remplie de rires, de cris, d'espiègleries. Elle pensait au bol de chocolat chaud en rentrant de l'école, au désordre de la chambre, aux devoirs sur la table de la cuisine, à ces mots qu'elle souhaitait entendre plus que tout : maman, papa, maman... Ils résonnaient dans son esprit comme un bonheur latent et indicible. Elle imaginait l'enfant tel un oiseau fragile planant dans la couleur de l'aube, un garçon qui meublerait la pesante tranquillité de la ferme.

— Un garçon ! Peut-être que tu as raison...

Le visage d'Amélie s'éclaira d'un long sourire prouvant qu'elle avait gagné son pari.

Julien était définitivement vaincu !

2

Une inquiétude bizarre envahissait le paysan. Une sorte d'oppression indéfinissable enserrait sa poitrine. Adopter un gamin qui deviendrait son fils, qui lui succéderait, qui prendrait l'entreprise à son compte, résonnait dans sa tête telle une incessante litanie. Il plongeait dans un sentiment diffus, tournait et retournait tant d'interrogations sans aucune réponse qu'il en avait perdu le sommeil. Si l'enfant n'aimait pas la terre ? S'il s'ennuyait dans ce trou perdu ? S'il n'avait pas la vigueur de suivre ses pas, de piétiner les sillons, de lutter contre une terre retorse et ingrate, de tremper ses mains dans le fumier de l'étable, d'affronter les orages, de se battre contre l'hostilité permanente de la nature ? Pour vivre au pied d'une montagne, il fallait être né au creux de ses flancs, serrer entre ses poings l'argile de ses falaises, endosser ses humeurs, vibrer aux grondements de la mue terrestre !

Julien respira profondément et s'arrêta sur le seuil de la maison. Comme chaque matin, il jeta un coup d'œil sur les escarpements sombres de l'Audibergue. Des nuages transparents s'effilochaient et décrivaient une frise cotonneuse. Un rayon feutré vint caresser une touffe de lierre juste à ses côtés. Il enfila ses godillots et se dirigea vers la remise. Un fils ! C'est bien pour faire plaisir à la femelle ! pensa-t-il. Tant, il peut prendre l'envie à Amélie de partir ! Qu'est-ce que je foutrais tout seul à la ferme ? Qui me ferait à manger ? Qui me laverait le linge ?

Julien traversa la cour, lentement, les mains dans les poches en scrutant le sol, les sourcils froncés, avec l'attitude caractéristique des montagnards. Il pesait le pour et le contre, tentait de se raisonner. Il devinait Amélie radieuse, et lui s'empêtrait dans des complications qui lui embrumaient le cerveau. Un fils... qui m'accompagnera sur les sentiers, qui partagera les moments de joie et de tristesse, à qui j'apprendrai à pister le lièvre, le sanglier et le chamois, à deviner le cri du choucas, le sifflement des bartavelles, le chant des ramures dans le vent, les lamentations des pierres qui éclatent sous la foudre... Un fils, après tout, pourquoi pas !

Ses mains tremblèrent un peu. Il eut du mal à allumer sa pipe. Son visage se creusa. Pourtant, il avait accepté l'idée que des fonctionnaires débarquent tambour battant à la ferme. Il avait endossé sans broncher les formalités administratives, la visite médicale, les assistantes sociales inspectant la maison de fond en comble sous un flot de questions indiscrètes. Il avait supporté le maire qui sous des prétextes futiles rendait visite à Amélie et lui lançait discrètement des regards charmeurs.

Amélie s'agitait dans la chambre. Elle opta pour un chapeau noir piqué de trois cerises sur le devant, d'une voilette qui tombait sur le front qu'elle épingla dans le chignon. Elle tourna devant la glace de l'armoire et vérifia sa tenue. Sa fébrilité bousculait le rythme lent et monotone de son intérieur, déclenchant une véritable tempête dans la pièce. Elle poudra ses joues, mit du rouge aux lèvres, prolongea ses sourcils d'un trait noir.

— Tu ne t'es jamais maquillée de la sorte ! Tu ne vas pourtant pas au bal ? s'étonna Julien.

Elle leva les yeux au ciel et fit un signe de croix.

— Et si j'y allais, tu serais bien embêté ! Si tu crois qu'au village il n'y a personne qui me reluque !

— Pas qu'au village !

— Qu'est-ce que ça veut dire ? s'écria-t-elle.

— Rien, rien... Quoique le Marius Belli quand il met les pieds à Saint-Hubert dans sa splendide Juva 4, toujours rasé de près, parfumé, encravaté, tu ne te gênes pas pour lui rincer le gosier avec ma meilleure grappa, celle qu'on réserve pour les grandes occasions !

Amélie resta un instant interdite, accusant le coup. Son homme était-il capable d'un soupçon de jalousie ? La surprise passée, elle reprit de plus belle ses occupations.

— Tu sais bien que c'est le grand jour ! Je ne veux pas avoir l'air d'une campagnarde ! Je dois lui faire bonne impression lorsqu'il me verra pour la première fois ! Ne reste pas dans mes pattes, je n'ai pas de temps à perdre ! Le car ne m'attendra pas !

Jamais Amélie ne lui avait parlé sur ce ton. Julien battit en retraite contre la commode et plongea son regard sur elle, comme s'il découvrait pour la première fois son épouse. Jamais il ne l'avait dévisagée de la sorte. Elle était différente. Une force fabuleuse bousculait l'ordre de ses habitudes et chamboulait le décor familier.

— N'oublie rien ! bredouilla-t-il.

— Mon pauvre ami, si je comptais sur toi pour me dépatouiller...

— Les papiers ?

Il l'accompagna jusqu'au bout de l'allée.

— A ce soir. La soupe est prête. Mets la table !

La démarche aguerrie et pressée, Amélie emprunta le raccourci de Bel-Air et disparut vers le village par un enchevêtrement de restanques en friche et de bosquets. Elle ne se retourna pas. Elle allait droit devant. Adrien l'attendait à présent.

— Mon fils... murmura-t-elle.

Elle embrassa la photographie que les services sociaux lui avaient envoyée.

Une mauvaise étoile avait accompagné la naissance d'Adrien. Des mains malheureuses l'avaient déposé, enroulé dans un tissu, sur les marches de l'orphelinat Saint-Paul. Depuis, il subissait la fatalité sans broncher comme la dizaine de pupilles de l'établissement. Prières, morale, éducation faisaient partie du quotidien de ces délaissés. Adrien s'était refermé sur lui-même, se créant un imaginaire où seuls existaient les câlins, les bises, la tendresse, les caresses, enfin ce qu'un enfant légitimement mérite ! Seuls les jeudis après-midi lui offraient un court instant d'évasion. En rangs par deux, raides comme des soldats de plomb, en pèlerine noire au long capuchon qui recouvrait entièrement la tête jusqu'au menton par temps de pluie, en chaussures montantes, les garçonnets se baladaient sur la promenade des Anglais, sous les regards apitoyés des touristes.

— Interdiction de jacasser ! Gardez vos distances ! Donnez-vous la main ! piaillait sans cesse sœur Clarisse.

Les recommandations de la surveillante n'atteignaient pas Adrien. Malgré la stricte discipline, il avait l'impression de rompre les chaînes qui entravaient son âme. Il se laissait emporter par l'ondulation des vagues qui se brisaient sur la grève, par les langucurs salées de l'iode, par les ailes nacrées des mouettes. Il y avait aussi les journées d'horreur, un mercredi matin par trimestre à l'aube ! L'attente en file indienne devant les abattoirs où, sur ordonnance du médecin de l'Assistance publique, les enfants devaient boire un bol de sang chaud de bœuf ! « Contre la tuberculose ! » affirmait sœur Clarisse. L'écœurement total, insoutenable ! Le cri des bêtes abattues, égorgées ! La puanteur de la mort imprégnée dans les vêtements et sur la peau ! L'estomac qui se retourne ! Les dents et les lèvres dégoulinantes de rouge ! Les vomissements ! Les cauchemars indescriptibles ! Les réveils en sursaut ! La peur, tout bonnement la peur !

Adrien attendait sagement assis au bord du lit, une valise à ses côtés. Propre comme un sou neuf, les cheveux coupés et coiffés, il s'était préparé au départ, ignorant les réflexions envieuses de ses camarades de chambrée. Il espérait que cette fois ce serait pour de bon. La supérieure lui avait annoncé que désormais il aurait une famille, sans rien ajouter de plus. Il parcourut du regard, une dernière fois, les murs vert pâle du dortoir, les draps pliés au fond des matelas, la bibliothèque aux ouvrages reliés de cuir et fermée à clef, les cartes postales punaisées sur les montants des fenêtres qui l'avaient entraîné dans de longs voyages immobiles. Il s'attarda sur l'immense Christ d'ivoire, à la poitrine tachée de pourpre, qui dominait la double porte. Une Vierge poussiéreuse gisait dans une niche voûtée. Les lustres en fer forgé se balançaient au gré des courants d'air. Les rideaux gris pendouillaient entre les box. Les voiles transparents de l'alcôve de la surveillante frissonnaient. Les aiguilles de l'horloge cadençaient l'interminable progression des secondes. Une odeur tenace de désinfectant et d'encaustique imprégnait le carrelage crème, moucheté de gris.

Il rêvassa aux journées écoulées sur le pupitre noir dans la minuscule salle où sœur Clarisse enseignait d'une voix de crécelle le français, le catéchisme, les mathématiques ; moments ennuyeux et maussades où les clameurs de l'avenue montaient à ses oreilles. Chaque bruit avait une heure précise et représentait un tableau unique dans lequel Adrien s'envolait hors des murs du pensionnat : le vendeur de sorbets avec son accent piémontais qui claquait sous le porche, l'aubade des chanteurs de cour, les invitations des marchands ambulants, les hurlements du vitrier et du rempailleur, les aboiements du crieur de journaux... Dans le jardin public, les exclamations des bambins qui jouaient au cerceau, aux billes ou à la balle, accompagnés par la musique du manège, prolongeaient ses escapades dans une béate somnolence. Les charrettes livrant les barriques de vin, les avertisseurs rauques des voitures, le glissement du tramway sur les rails, le crissement des freins révélaient la plénitude d'une ville sans cesse en mouvement... Sur les coups de midi, les perpétuels relents de chou et de navet montant du réfectoire interrompaient brutalement ses rêveries.

Adrien voyageait dans un monde bien à lui, un monde qu'il peaufinait inlassablement. Le soir, sous les couvertures, après l'extinction des lumières, il s'imaginait dans une villa blanche entourée de pelouses, d'orangers, de cerisiers, bordée de massifs de tulipes et de roses. Un double escalier de marbre menait au hall d'entrée. Le parquet reflétait sa silhouette. Les miroirs happaient son image. Des tapis, un piano, des tableaux, des rayonnages de livres aux tranches dorées, des jouets et des friandises à volonté, un jardin d'hiver composaient un paradis d'insouciance et de légèreté. Un parfum d'églantine créait une atmosphère légère. Des baies vitrées plongeant sur la mer, Adrien admirait l'horizon carmin, les voiles pourpres des goélettes, les coques acajou des yachts, les lourds navires aux étraves plantureuses qui brisaient les déferlantes et fonçaient vers le large.

Il illuminait ses parents par ses sourires, ses fantaisies, son intelligence. Sa mère, blonde avec de grands yeux bleus, une peau laiteuse, un tailleur sombre, les gants montant jusqu'en haut des coudes, portait l'élégance des Parisiennes que l'on admire dans les revues de mode ; une confidente à qui il pouvait chuchoter dans le secret d'un bonsoir ses peines, ses joies, ses projets. Le dimanche, ils flânaient en voiture de sport décapotable sur les boulevards. Après un goûter dans un salon de thé très chic, ils rentraient chez eux et, installé dans un large divan en cuir, Adrien écoutait son père lui lire les romans de Jules Verne ou d'Alexandre Dumas... Une existence sans égale, pour lui tout seul, sans partage ni équivoque.

La femme accompagnée d'une sœur s'approcha d'Adrien et timidement lui caressa les cheveux. Ses habits portaient les effluves tenaces du lait caillé et de l'eau de Cologne. Son minuscule couvre-chef épinglé sur le chignon semblait tout bonnement ridicule. Adrien se retint de rire tant la situation était navrante. Un choc brutal le transperça de part en part. Ses rêves s'écroulèrent comme un château de cartes. Le scénario qu'il avait imaginé s'effaça brutalement. Il restait là, pantois, au bord du matelas, incapable d'un geste ou d'une parole.

— On t'a coupé la langue ? s'étonna sœur Clarisse.

L'étrangère le dévisagea avec affection. Il scruta longuement son visage aux joues tièdes et rondes. Il lut dans son regard humide de gentillesse un bonheur fou ainsi qu'une maladroite délicatesse. Une larme perla au creux des paupières. Il devina aussitôt que des bras fantastiques s'ouvraient pour l'accueillir et le bercer. Les photographies des magazines furent balayées, les bolides rutilants et les grands restaurants remisés, celle-ci faisait l'affaire et il s'en contenterait.

— Alors bonhomme, tu es muet ? Adrien, réveille-toi ! s'exclama la religieuse.

— Je vous en prie, ne le bousculez pas, il est impressionné !

— Ce monsieur traîne, rêve à je ne sais quoi, oublie tout, boude pour un oui ou un non, n'en fait qu'à sa tête... A l'heure où les autres se préparent pour le collège et l'internat des grands, monsieur entre à peine au cours moyen, avec l'indulgence de ses professeurs ! Qu'il prépare au moins le certificat d'études, c'est tout le mal que je lui souhaite !

Amélie s'accroupit pour se tenir à sa hauteur.

— Je m'appelle Amélie, Amélie Philibert. Désormais tu porteras ce nom. Adrien Philibert, ça sonne bien, qu'en penses-tu ? Et moi je suis ta maman, si tu le veux... ajouta-t-elle d'une voix étranglée et émue.

Adrien ouvrit des yeux comme des billes et pencha la tête de côté en plissant le front.

— Adrien Philibert... murmura-t-il.

Les ultimes formalités achevées, la grille de l'orphelinat se referma dans leur dos. Un frisson parcourut la nuque de l'enfant. Il serra fort la main d'Amélie, irisée de veines bleutées. Ils descendirent l'avenue principale de Nice en direction de la gare des autobus. Amélie allait trop vite pour les jambes du gamin qui parfois courait. Ses bottines martelaient le ciment dans une marche au pas de charge. La tête haute, empesée d'un orgueil remarquable, elle traversait les rues sans regarder. Elle fuyait le gigantisme de la ville, la foule exubérante et bigarrée. Il sembla à Adrien que tous les passants dévisageaient bizarrement le drôle de duo qui déboulait sur le trottoir. Une odeur de viande et de plats cuisinés planait sur la terrasse des restaurants. Les attablés s'empiffraient à grandes bouchées. Adrien saliva et son estomac fit des gargouillis étranges. Ses genoux flageolèrent.

— Je n'arrive pas à vous suivre, madame !

Amélie réalisa que ses enjambées étaient trop grandes et qu'il n'arrivait pas à mesurer son pas sur le sien. Elle avait oublié dans sa précipitation qu'un être fragile marchait à ses côtés.

— Excuse-moi, mon ange, mon petit garçon !

Elle le serra dans ses bras pour se faire pardonner, comme attirée par un magnétisme subtil. Un sanglot remonta de sa poitrine. Ils étaient reliés l'un à l'autre et ne pouvaient plus se séparer. Le destin les soudait dans une trajectoire commune. Elle faisait son apprentissage de mère. La cloche de l'église Notre-Dame tinta deux coups.

— Je ne pensais qu'à l'horaire du car ! Tu as peut-être faim ! Qu'est-ce qui te ferait plaisir ?

Adrien désigna timidement avec le doigt une brioche dans la devanture d'une boulangerie.

Maintenant, ils se promenaient tranquillement. Amélie consultait régulièrement sa montre. Un alignement d'immeubles en pierre blanche, aux faîtières décorées d'une mosaïque de fresques, reflétait l'opulence d'une ville bourgeoise et aristocrate. Les dômes ronds et dodus renvoyaient une touche de gaieté dans cette architecture imposante et rectiligne. Adrien lisait les plaques dorées des médecins et des avocats apposées sur les colonnades des porches et épelait les inscriptions sur les stores des magasins. Rien ne lui échappait : la compagnie des wagons-lits, les agences, les banques, les music-halls, les salons de thé. Il ouvrait grand les mirettes et absorbait ce que la vie à présent lui offrait généreusement. Un méli-mélo de porteurs, de voitures à chevaux, de bicyclettes, d'ouvriers, de gens pressés créait une pagaille monstre et rompait avec l'aphasie pieuse de l'orphelinat.

3

Julien entassa le fumier dans la brouette. Il cracha dans ses mains, s'arc-bouta sur le brancard et, dans un vigoureux coup de reins, sauta la marche de l'étable. Le chargement débordait du plateau. Il le maintint en équilibre jusqu'au tas fumant. Jamais il ne se plaignait. Chez les Philibert, on fermait sa gueule, surtout quand on avait mal. De génération en génération, la famille avait conquis cette terre pas à pas ; une lutte farouche et permanente contre les éléments. Ils avaient défriché, peigné le sol de la pierraille et des broussailles, remonté le limon de la rivière pour remblayer les terrasses, transporté à dos de mulet les roches nécessaires pour consolider les murailles. Ils avaient aménagé un désert impitoyable en une oasis fertile. Ce labeur forgea des hommes qui discouraient avec les falaises, complotaient avec les nuages, bravaient la tempête et subissaient sans broncher les rayons d'un soleil qui rend fou.

La ferme Saint-Hubert, plantée sur un brisant de granit, nichée au flanc de l'Audibergue, protégée des vents par l'épaule du Gros Adrech et le bois de Thiey, avait été édifiée à l'écart du village de Castelroche. La simple bâtisse carrée avec une écurie et une grange s'était agrandie au fur et à mesure des unions et des naissances.

On y avait ajouté un appentis au sud, un deuxième dirigé vers l'est, puis un troisième, ainsi de suite. Et, en dernier, lors des épousailles d'un neveu, on avait surélevé d'un étage le corps principal. Les bâtiments se refermèrent sur une vaste cour emprisonnant un marronnier, un puits ainsi que la mémoire de cette famille.

Chez les Philibert, on restait sous le même toit. Le patriarche commandait et l'on exécutait ses ordres même si l'on n'était pas d'accord. Toute discussion était exclue. On ne partait pas ! On ne divorçait pas ! On se mariait entre parents ou au pire entre voisins car on ne séparait ou ne divisait ni les campagnes ni le matériel agricole, encore moins les troupeaux. Au marché du vendredi, à la place aux Aires de Grasse, leur production de fruits et légumes était particulièrement appréciée. La clientèle passait des commandes d'une semaine à l'autre.

Au fil des années, le cycle de la vie avait dardé le malheur sur l'exploitation. La vieillesse, la maladie, la Grande Guerre, le gel, une agriculture qui rapportait moins ; les vigoureuses racines semées par les aïeux s'ébranlèrent. L'exploitation vacilla malgré les efforts redoublés des agriculteurs. Le père d'Amélie mourut le dernier en serrant le portrait de Giuseppe Garibaldi sur sa poitrine. Il ne resta plus que la fille du domaine et Julien, un cousin germain. Ils s'épousèrent en suivant la règle édictée par les anciens.

Leur face-à-face durait depuis plus de dix ans. Chacun supportait son quotidien, endossait disputes et contrariétés, subissait les aléas d'une vie de couple. Parfois, lors d'une récolte exceptionnelle, ils s'accordaient une trêve méritée. Le vent, l'acharnement au labeur, l'habitude semblaient satisfaire les fantômes de leurs parents et la pérennité de l'exploitation.

L'autobus stoppait sur les places des villages desservis. Un flot de voyageurs descendait, un autre montait. Le chauffeur distribuait les tickets, rendait la monnaie. Sur l'impériale s'entassaient malles et caisses. Entre les rangées de fauteuils étaient entreposés cages et paniers. Amélie discutait sans arrêt pour apprivoiser Adrien. Le garçonnet, aussi effarouché qu'un renardeau, ne répondait aux questions que par oui ou par non. Elle décrivit dans le moindre détail la ferme, les prairies, la forêt proche. Elle raconta les grosses chutes de neige de janvier, le manège de la fouine autour du poulailler, la portée de trois cochons, la chouette dans le grenier, les brebis qui donnaient naissance à de tendres moutons, le vieux chat si bien nourri qu'il ne chassait plus ni mulots ni rats… Elle narra la lune qui devient rousse et ronde, accompagnée d'une myriade d'astres magiques.

— A la mi-août, les étoiles filantes fendent le ciel en deux et plongent dans la mer ! Alors, tu prends un caillou blanc que tu serres très fort dans ta main et tu fais un vœu que tu ne dis à personne. Avant la fin de l'année il se réalisera !

Adrien se laissa emporter dans ces contes fabuleux. Il se sentit bien. Une sensation d'étourdissement le saisit.

— Et le bouc ! Tout noir avec une longue barbichette. Il vient jusqu'à la cuisine quémander les quignons de pain rassis ! Nous l'avons surnommé César. Quand il voit quelqu'un s'approcher de sa troupe, il baisse la tête, présente les cornes pour l'embrocher ! Mais il adore quand on lui gratte le crâne !

Le garçonnet éclata de rire.

— Quant à ta chambre, c'est une merveille. La plus belle pièce de la maison. C'est moi qui l'ai aménagée. Dans l'armoire, j'ai suspendu aux cintres et rangé sur les étagères des habits presque neufs ! Une garde-robe de prince !

Il sembla à Adrien qu'il connaissait cette femme depuis toujours. Ils étaient réunis par un fil invisible qu'il fallait tirer vers soi et enrouler en pelote. Peu à peu la confiance s'instaura. Il l'inonda de questions. Sa curiosité était telle qu'il voulait tout savoir avant d'arriver à destination. Amélie répondait avec précision. Elle ne voulait pas tromper l'enfant.

— Et ton mari ? Comment il est, Julien ?

Amélie sourit tendrement.

— Un homme bon, pas méchant ! Si tu sais y faire, tu l'as comme tu veux !

Elle fit un geste large en écartant les bras et ajouta :

— Il a un cœur gros comme ça ! Un peu bourru comme tous les montagnards ! S'il crie, il ne faut pas y faire attention ! Ce n'est qu'une apparence…

L'interminable voyage assomma Adrien. Ses paupières battirent. Le menton tomba sur la poitrine. Il n'essaya pas de résister à la douce torpeur qui l'envahissait et somnola sur l'épaule d'Amélie. Ils entamèrent la montée vers Castelroche. La plaine, les basses collines, les champs d'oliviers aux troncs torturés, ondulant dans une marée argentée, cédèrent la place à la montagne.

— A la saison, Julien t'emmènera gauler les olives. On cueille ces fruits comme si l'on ramassait des diamants ! A la première huile, on fait une de ces fêtes !

La route descendit par une combe et se dressa brutalement dans une interminable série de lacets qui lacéraient les versants en lamelles régulières. Le moteur grondait, dégageant un épais nuage de fumée. Le véhicule broutait, avançait au ralenti, sur le plat accélérait à fond pour reprendre de l'élan. Soudain Adrien sursauta et fit un bond.

— Qu'est-ce qui t'arrive ? s'inquiéta Amélie.

Adrien, les yeux dans le vague, plongé dans un rêve curieux, se blottit contre sa mère adoptive et avoua :

— Je n'ai prononcé le mot de maman que dans mes rêves.

Elle posa les lèvres sur son front. Ensemble ils burent les prémices d'un futur heureux.

Adrien engrangeait des visions fabuleuses. Chaque tour de roue le conduisait vers une liberté palpable, sans murs, ni grilles, ni barrière. Il avait l'impression de naître, de renaître, de pénétrer enfin dans son univers d'enfant. Il foulerait les prés, se roulerait dans l'herbe, hurlerait dans les vallons, entendrait l'écho de sa voix. Le paysage lui parut d'un ravissement sans égal. Les champs décorés d'énormes chardons bleus, la lumière filtrant au travers des branches, les bosquets éparpillés comme de petits points dans l'immensité, les églantiers rouges fusant à l'horizon, les vaches aux mamelles repues cherchant l'ombre, les chevaux en liberté formaient une gigantesque farandole.

— Amélie, pourquoi m'as-tu choisi ? A Saint-Paul il y a plein d'autres enfants ?

— Sais pas, c'est comme ça !

— Tu ne me réponds pas !

— Peut-être Dieu l'a voulu ainsi.

— Tu parles comme sœur Clarisse !

Adrien demeura plongé dans le mystère du hasard. Devait-il essayer de comprendre ? Il la dévisagea tel un nouveau-né qui découvre sa maman. Il perçut que son regard gênait Amélie.

Deux longs coups de klaxon dans l'ultime virage annoncèrent l'arrivée du car.

— Castelroche, dernier arrêt, gueula le chauffeur.

— Comme si on ne savait pas qu'on était arrivés, râla un passager.

La route se resserra. Après un dédale de ruelles, le véhicule s'immobilisa pile devant la guérite à cars. La porte à soufflet se rétracta sur ses gonds. Amélie désigna du doigt au travers de la vitre une maison si loin qu'Adrien aurait pu la poser sur la paume de sa main.

— Saint-Hubert, c'est tout là-haut !

Elle prit le bagage et sortit la première, la tête haute, fière. Julien les attendait, un peu à l'écart, près de la fontaine. Il avait attelé la carriole, évitant ainsi à l'enfant une longue route à pied.

— Pour une surprise, ça c'est une surprise ! s'exclama Amélie.

Le paysan s'avança vers Adrien. Une sorte de timidité maladive le paralysait.

— Voilà notre Adrien ! s'exclama Amélie.

— Bonjour m'sieur, lâcha poliment le petit.

Alors dans un élan qui le dépassa, Julien ôta la casquette et serra Adrien sur sa poitrine sous l'œil médusé des badauds.

— Pas lourd et pâlichon ! Il a des bras et des mollets pas plus épais que les barreaux d'une cage à grives ! Si je les donnais à ronger au chien, il ne les reniflerait pas !

— C'est un gosse de la ville ! Il n'a pas dû manger à sa faim tous les jours !

— La campagne te fera du bien, fiston ! Dans une bonne quinzaine, tu seras retapé et on verra qui sera le plus fort !

Il plaça l'enfant sur la banquette à ses côtés. Amélie monta à l'arrière.

— Alors « petiot », on fait le tour du propriétaire ou on rentre direct au château ?

— Il est tellement fatigué qu'un bon bain de pieds, une bonne soupe ne seront pas de trop !

Julien donna un léger coup de coude au petit et cligna de l'œil.

— Ici, le chef c'est elle !

Tranquillement l'équipage trottinait sur un chemin crevassé de nids-de-poule, coupant bosquets et ravines. Le bruit du grelot ravit le garçonnet. Les senteurs âcres et sucrées de l'herbe cisaillée à la faux, les effluves poivrés de la lavande et des genêts piquèrent ses narines. Le ciel immaculé, la brillance des reflets sur les taches de blé dorées le firent pleurer. Il avala à grands poumons l'air pur. La brise possédait un goût de framboises et de lilas. Il expurgeait l'odeur de renfermé et d'encens de Saint-Paul. Désormais, rien ne serait plus pareil. Il dévorerait la vie à pleines dents. Au point culminant d'une côte, Julien tira avec vigueur sur la bride et arrêta la mule.

— Petit, regarde ! s'exclama-t-il.

Ils dominaient les toits de tuiles roussies d'où s'évaporaient de blanches fumées, les granges en mélèze éparpillées et assemblées à claire-voie pour le séchage du fourrage. Ormes, tilleuls, noyers, prunelliers sauvages décoraient la rondeur généreuse des pentes. Adrien se retourna vers Amélie et sourit. L'impression d'une bonté sincère, d'un mélange de douceur et de force émanait de leurs visages. C'était comme s'il avait toujours été à leurs côtés, comme s'il était né à Saint-Hubert et qu'il se réveillait d'un songe étrange, comme s'il revenait d'un long voyage !

— On se laisse couler dans le pré, une petite calade, on tourne après la futaie et nous sommes arrivés ! Regarde : la mule sent l'étable, elle accélère, cette *sartan*... s'écria Julien avec un accent qui roulait les « r ».

L'arrivée de l'enfant fit le tour du village à la vitesse du vent d'est. Amélie avait pris de court les mauvaises langues et leur avait joué un sacré tour ! Comment ne pouvaient-elles pas être au courant des manigances de la Philibert ? Avait-elle fauté ? Avec qui ? Avait-elle caché un bâtard loin du village ? Une ombre tenace s'étalait à présent dans l'antre du lavoir et on s'épanchait en suppositions diverses :

— D'où ils le sortent cet oiseau ? cracha une pimbêche au teint olivâtre. Y a pas de fumée sans feu !

— Y a anguille sous roche... ajouta une seconde aux mâchoires proéminentes, au nez qui avait l'aspect d'une nèfle écrasée.

— A la ferme Saint-Hubert il doit s'en passer de belles choses ! Les vieux doivent se retourner dans leur tombe...

— Je comprends pourquoi les bergers lors des transhumances veulent tous s'arrêter là-haut... ricana Paul Barnouin, le patron du café des Chasseurs en se tâtant le bas-ventre, aussitôt rabroué par son épouse.

4

Amélie alluma la suspension. Une douce lueur baigna la chambre. Adrien resta bouche bée, interloqué par le somptueux cadeau qu'on lui offrait. La commode, l'abat-jour, les chaises, la table de toilette vernie aux pieds tournés, la cuvette en faïence, les rideaux qui coulaient du haut des fenêtres jusqu'au parquet, le dessus-de-lit brodé recouvrant un épais édredon en plume, rien n'avait été oublié. Un parfum de bois ciré et de savon de Marseille imprégnait les grosses poutres qui traversaient le plafond. Le chat s'aventura sur l'oreiller, pelotonna de ses griffes le tissu, roula sur eux des yeux dorés et s'étala voluptueusement de tout son long. Amélie tapa dans ses mains pour chasser le greffier.

— Non, laisse-le, je t'en prie, ce sera mon premier copain ! s'écria le gamin.

Amélie soupira et se plia aux exigences de ce fils qui posait son empreinte sur les murs de Saint-Hubert.

— Comment s'appelle-t-il ?

— Noirot, tout bêtement, répondit Amélie.

Adrien s'avança, muet, au centre de la pièce. Une fée avait posé sa baguette magique sur sa route, balayé le morne avenir que l'existence lui avait prédit. Tant de bonheur arrivait d'un coup ! Il se demanda comment remercier la providence. Il avait envie de sauter, de crier, de hurler sa joie. Un instant désarmé, il se surprit dans la glace de l'armoire. Ses traits avaient déjà changé. Les cernes bleutés qui lui donnaient une tristesse permanente avaient soudain disparu comme s'il avait rompu de lourdes amarres. Les noirs démons de son enfance s'envolaient. Il ressentait une étrange rédemption, un miracle qui attisait de profondes espérances. Son âme s'évanouissait dans un cocon voluptueux.

Adrien colla son nez à la vitre et dévisagea la contrée qui sombrait dans le crépuscule. Son souffle embua le verre. Bassins, faisso[1], collines de pins et de chênes, entraves pierreuses et derrière : la mer ; un atlas grandeur nature se dévidait devant lui. La girouette du clocher, un coq au cou tendu, cherchait à picorer l'azur. Les toits bariolés glissaient ensemble vers les prairies. Un rossignol entama son chant nocturne. Un rayon orangé frisait les cimes pointues, dénudées et sauvages de l'Audibergue. Les roses, butinées par des dizaines de bourdons jaunes et dodus, libéraient leurs fragrances au crépuscule. Une poule s'étira, caqueta de ravissement en picorant la terre. Un calme ensorceleur envoûta l'enfant.

— Tout ça pour moi et pour toujours ?

— Tout pour toi et pour toujours, répondit Amélie.

— Mais pourquoi ?

— Ne te pose pas autant de questions, c'est comme ça !

Au fur et à mesure des jours qui s'écoulaient, Adrien prenait la dimension de sa nouvelle vie. Il allait de surprise en découverte, s'intéressait aux moindres choses et

1. Planche de terre soutenue par des murs en pierres sèches.

buvait avec délectation les explications et les plaisanteries de Julien.

— Vois-tu, fiston, la mule bat sans cesse de la queue pour compter les secondes. Elle remplace l'horloge du clocher !

Adrien fronçait le front et finalement se satisfaisait des commentaires du paysan, au grand dam d'Amélie.

— Les bêtes, regarde-les dans les yeux ! Elles comprennent tout, tes plaisirs, tes peines, tes soucis, ta fatigue aussi.

— Sont-elles malheureuses comme nous ?

— Pire, fiston, pire ! Mais elles ne peuvent le dire !

— Elles rient aussi ?

— Surtout l'âne avec ses dents marron !

Désormais, Julien ne conversait plus seul. Il transmettait tout ce que son cœur contenait. Comblé par l'intérêt que lui apportait le gamin, il s'étonnait de tant discourir. Adrien récoltait le résultat d'un savoir, d'une tradition, d'un humour. Lentement, il s'appropriait une terre inconnue et devenait l'héritier des Philibert.

— Je t'apprendrai aussi à poser les collets pour le lièvre et, à l'automne, la glu pour choper les grives à la montée !

Julien percevait que sa route décrivait un sillon profond et harmonieux. Les incertitudes semblaient moins difficiles à supporter et l'avenir possédait une réelle valeur. Il se sentit soulagé, vidé des interminables tourments et inquiétudes. Le soir, juste avant le repas, Adrien le rejoignait sur le banc de pierre qui entourait le marronnier. La Truffe se glissait entre eux et, les oreilles dressées, suivait les conversations. Ils entamaient un bavardage jusqu'au dîner. L'enfant lui racontait ses escapades, ses aventures fabuleuses dans cette contrée qu'il pénétrait tel un découvreur de sens.

Julien tira l'Opinel de sa poche et commença à sculpter une branche de noyer, parfaitement droite, dépourvue de nœuds.

— Je l'ai choisie pour toi, annonça-t-il fièrement. Ce sera ton bâton de pâtre, car un berger ne se déplace jamais sans sa canne. A chaque alpage, tu graves une fleur, une figure ou ce qui te fait plaisir... Plus le bâton est ciselé, plus le pâtre est reconnu pour son expérience, donc il aura du boulot !

— Quand ira-t-on sur la montagne ?

— L'an prochain, fiston. Cette année le troupeau se contentera de l'herbe de Saint-Hubert.

Lorsque l'enfant fixait l'Audibergue, les crêtes lui paraissaient infranchissables. Une invincibilité intemporelle jaillissait plus haut que la voûte stellaire. Une angoissante énergie se dégageait des blocs en équilibre. Le mystère envahissait les contreforts aux formes rocambolesques. Des armées de dragons, de monstres fantastiques, d'hydres à plusieurs têtes devaient y régner en maîtres et défendre farouchement leur territoire. Malheur à celui qui tenterait le diable !

— On ira tout là-haut ! s'exclama-t-il ébloui.

— Là-haut ce n'est rien, encore bien plus loin !

— Et c'est où plus loin ?

Julien fit un large geste du bras désignant la naissance des nuages.

— Là-bas, quand le soleil mange les ombres !

Alors Adrien devenait soudain un guerrier invincible comme on en lisait dans les revues illustrées. Lui aussi se montrerait aussi vaillant et courageux que ce héros qui à présent l'écoutait et le conduisait vers des épopées magnifiques. Vaincre le massif lui donnerait un statut de preux soldat. Il se tailla dans de vieilles planchettes une épée, un poignard, se bricola un lance-pierre, s'affubla d'une casquette, compléta son équipement avec une musette remplie de cailloux de différentes grosseurs et se sentit prêt à en découdre avec ceux qui oseraient se mettre au travers de son chemin. Le preux chevalier de Saint-Hubert partait en croisade.

A table, Adrien s'installait face au père. Amélie s'empressait de le servir en premier sous les plaisanteries de son mari.

— Toujours lui qui a les meilleurs morceaux !

— Ne l'écoute pas, il ne dit que des bêtises !

Parfois, le couple en oubliait de manger tant leur enfant dévorait les succulents mets préparés à son intention. La longue serviette blanche, nouée autour du cou, tombait sur le buste et couvrait les genoux d'Adrien. Il grimaçait de gourmandise, hochait la tête de contentement, sauçait le fond de l'assiette avec de gros bouts de miche, la léchait même et, avant la dernière bouchée, ne manquait jamais d'en redemander.

— Mange, mange ! lui disait Julien.

Et Amélie resservait une bonne louche de soupe bien chaude ou d'un fricot particulièrement épais où la cuillère pouvait tenir debout. Adrien découpait des morceaux de pain en portions égales, les laissait gonfler puis avalait sa préparation en aspirant goulûment. A chaque repas, Amélie changeait de menu, et la grosse marmite bouillait sur le feu. Choux, pois cassés, lentilles, haricots blancs, courge, épeautre, accompagnés de saucisse, de jarret, de lard ou de couenne tranchée fin gavaient l'estomac d'Adrien. Amélie faisait cailler le lait dans le toupin et, délice des délices, servait le fromage frais recouvert de myrtilles, de gelée de fraises ou bien de miel et de noix.

— Je te garantis que depuis ton arrivée, on se régale à Saint-Hubert ! La mère fait des prouesses !

Amélie râlait et le mari en rajoutait :

— A moi elle ne m'a jamais cuit des matefaims[1] !

— Dis-moi, Amélie, irai-je à l'école ?

— Quand les platanes perdront leurs feuilles, mon garçon, ce sera la rentrée. On achètera un cartable tout neuf, un tablier noir et en route pour Castelroche !

— Même s'il neige ?

— Là, mon gars, on verra… Et puis le nouvel instituteur n'est pas encore nommé. Avec un peu de chance il ne trouvera pas le village et tu seras en vacances encore une année !

Adrien poussa une exclamation qui résonna jusque dans la cage d'escalier. Après le dîner, le garçon avait du mal à garder les yeux ouverts. Les paupières clignaient et il s'endormait sur la nappe. Alors, Amélie le prenait dans ses bras, le montait à la chambre et le couchait. L'ambiance de la maisonnée avait littéralement changé. Fini les interminables moments d'ennui ! A présent les Philibert vivaient au rythme de leur enfant. La moindre péripétie était prétexte au rire et aux blagues. Amélie devinait un Julien joyeux, épanoui, qui se débarrassait d'une vieille peau sclérosée. Une humeur goguenarde se lisait dans son attitude. Lui regardait son épouse avec admiration et sagesse. Ils renaissaient, se découvraient vraiment, vivaient ensemble pour Adrien. Ils pouvaient enfin envisager l'avenir sous de meilleurs auspices. Julien remercia son épouse pour ce merveilleux don du ciel et se repentit des tracas et des sautes d'humeur qui avaient précédé l'adoption.

1. Grosses crêpes nourrissantes au petit salé, aux lardons ou à la graisse de cochon.

L'inspection du domaine dura de longues semaines. Adrien se réveillait au chant du coq, avalait un bol de lait et dégustait de copieuses tartines beurrées. Ensuite, il se lançait dans une exploration méthodique. Il commença par le grenier aux longs plateaux où séchaient pruneaux, tomates, fruits d'hiver, amandes, noisettes, continua par la cave aux émanations salées de salpêtre, ensuite il fouilla l'atelier avec ses séries d'outils suspendus aux clous, la remise où se côtoyaient serpes, faux circulaires, bêches aux tranchants luisants et effilés, et poursuivit par le hangar où reposaient tels des monstres aux griffes d'acier acérées tracteur, herse, araire. Enfin l'étable, domaine de la mule et des mouches vertes, des brebis aux bêlements inhumains, des vaches aux regards vitreux, lui offrit un asile à l'ambiance feutrée et tiède.

L'après-midi, après une courte sieste, il réitérait ses pérégrinations. Il traversait les carrés de blé et de maïs, marchait jusqu'aux genoux dans la rivière, construisait des barrages pour attraper les têtards et, allongé sur des pierres plates, jouait avec les nèpes qui fendaient de leurs immenses pattes l'onde. Sur les sentes, il se rassasiait de mûres, de framboises, de groseilles, chipait des pommes vertes qu'il croquait avidement. Le sentiment d'une intense liberté le saisissait de plein fouet. Les journées s'écoulaient trop vite pour ce nouvel aventurier. En peu de temps il se transforma. Un hâle doré remplaça son teint pâle. Ses membres maigrelets forcirent. Ses joues se remplirent et créèrent une bonne bouille bien rondelette.

Il établit une cachette bien à lui, au fond de la grange. Par un dédale de bottes de foin et une échelle, il accédait à une sorte de soupente composée de rondins et de planches grossières. Sur un nid de paille, les mains derrière la nuque, il fixait l'envers des tuiles comme s'il transperçait le toit et consultait les galaxies. Son esprit s'emplissait de songes et d'espoirs. Il s'enfonçait dans un asile moelleux comme dans un ventre doux. Eternellement il recommençait sa vie à zéro.

Il dressa avec une baguette des chauves-souris, endormies par la lumière du jour. Elles pendouillaient la tête en bas par grappes et se balançaient au gré des courants d'air. Caresser ces bestioles aveugles, poilues, aux ailes fripées de pinson ne le répugnait pas. Il trouva dans leur laideur une grâce et une beauté particulières.

Il plut une semaine durant. Les orages de chaleur s'abattirent sans discontinuer sur les crêtes. Les gouttes ricochant sur la toiture jouaient une véritable symphonie cadencée par les trombes d'eau et le tonnerre. Les éclairs illuminaient la clairière. Puis la pluie cessa. Les nuages foncèrent au loin, portés par un vent d'est violent. La forêt s'ébroua. Les ruisseaux en pente se dégorgèrent d'une boue argileuse.

Le nez collé aux carreaux, Adrien dévisageait les nuées qui se fondaient dans le clair-obscur. Nul besoin de paroles ni d'explications pour comprendre ce fabuleux spectacle. Il dessina avec l'index, sur la vitre, un grand soleil.

5

Les cloches sonnaient à toute volée, invitant les paroissiens à la messe dominicale. Adrien regarda avec envie Julien rejoindre un groupe d'hommes et pénétrer au café des Chasseurs. L'obligation d'assister à la messe rappelait au gamin trop de souvenirs proches et détestables qu'il voulait oublier. Cette atmosphère pesante, ce cérémonial aux rites immuables écrasaient comme une lourde pierre sa poitrine. L'arracher à ses divagations représentait une véritable punition. Sentir le vent brosser ses cheveux, longer le ruisseau aux berges bariolées de fleurs jaunes et de coquelicots, grimper aux arbres, courir dans les sentiers herbus, s'enfouir dans les meules de paille, suivre les pirouettes des lucioles forgeaient cette immense liberté qu'il avait conquise.

— Je suis obligé d'y aller ?

Amélie, l'œil noir, fronça les sourcils.

— Pourtant Julien, lui...

— Ne t'occupe pas de ton père !

— C'est bien pour te faire plaisir, marmonna-t-il en traînant les chaussures.

Elle le tira fermement par la manche en direction de l'église. Ils s'installèrent au deuxième rang de la nef, derrière la rangée de fauteuils, aux dossiers gravés d'un nom, loués à l'année par les notables et étrangement vides. Pantalon bleu marine, chemise blanche au col un peu trop grand, chaussures cirées, Adrien, en habit du dimanche, ressemblait à un premier communiant. Avant le départ, Amélie avait inspecté attentivement le cou, les mains, les ongles, derrière les oreilles, sous le menton. Un coup de peigne mouillé afin que la frange tienne bien sur le côté, un mouchoir en dentelle dans la poche… Rien ne détonnait ! Amélie parut satisfaite de la tenue du petit prince.

Les ouailles, resserrées en essaim sous la statue de la Vierge, le museau dans le bréviaire, un œil de travers, déshabillaient le garçonnet des pieds à la tête et dialoguaient à voix basse : une bouillie verbale dont certaines mimiques trahissaient des présomptions malsaines. Le nouveau venu intriguait cette communauté repliée sur elle-même qui se confortait dans des principes séculaires et inamovibles.

— Regarde-la, elle fait sa bourgeoise… reprit une édentée dont la moustache grise frisait la lèvre supérieure.

— D'où elle nous l'a sorti, ce morpion ? demanda une voisine au visage ratatiné.

Une dévote, claudiquant, faisant office de sacristain, alluma les lampadaires électriques, disposa les burettes et le calice devant le tabernacle. Les bavardages cessèrent. Les enfants de chœur en soutanelle rouge et chemise de lin bordée de dentelles devancèrent le prêtre et se postèrent sur les marches de part et d'autre de la sainte table. Ils épiaient le nouveau venu, pouffaient de rire, se moquaient ouvertement de lui. Leur face, leurs joues rubicondes dénotaient un certain degré de bêtise qu'Adrien n'apprécia pas. Il leur rendit la pareille en les toisant de toute sa hauteur et leur adressa une grimace suivie d'un geste discret du poing qui en disait long sur l'intérêt qu'il leur portait. Les deux fanfarons se calmèrent.

Le curé, Ignace Crucus, en chasuble dorée en forme de mandoline, le menton autoritaire, le cheveu ras, roussi, pénétra dans l'enceinte. Il se signa devant la croix. La cérémonie pouvait débuter. L'harmonium attaqua un cantique, aussitôt recouvert par les souffles syncopés des pédales. Un dialogue chanté en latin s'établit entre le curé et l'assistance. Après le recueillement d'usage, les clochettes tintèrent intempestivement. L'officiant monta alors en chaire. Il accrocha ses doigts à la rambarde en chêne. Les têtes se levèrent. Dominant l'assistance, il se lança dans un interminable sermon. Le ton pompeux, solennel, articulant chaque syllabe, d'une voix d'outre-tombe qui résonnait sous les voûtes, il entama une diatribe sur la réduction du budget du culte, la laïcisation de l'école, l'interdiction des processions religieuses dans des communes proches et la rémunération du prêtre qui désormais était tributaire du casuel. Ensuite, il enchaîna sur la misère quotidienne, la faim, sur les brebis de Dieu qui s'égarent dans un monde cruel et en oublient leur simple devoir. Il s'en prit aussi nommément aux disciples de la boisson, aux ivrognes invétérés qui usaient leurs coudes sur le comptoir du bistrot, dépensaient l'argent du couple et laissaient leurs enfants dans le dénuement ! La simple idée de perdre ses fidèles le hantait et à chaque prêche il trouvait les arguments sensibles qui imposaient à tous l'écoute et le questionnement.

— Mes frères et mes sœurs, il est des instants où les chrétiens ne peuvent être divisés ! Ne laissons pas l'hydre vengeresse pénétrer nos campagnes et notre patrie !

Il toussota, s'essuya la bouche avec un mouchoir, s'octroya un temps de repos et s'adressa directement aux rares hommes qui, occupant le balcon, commençaient comme à l'accoutumée à trouver le cérémonial vraiment longuet. Ils pensaient aux copains sirotant au bistrot une anisette fraîche, se délectant déjà du repas dominical.

— Prions pour écarter la noirceur du monde ! continua-t-il. Prions pour balayer les rumeurs de guerre ! Prions pour disperser les rites païens de notre route. Dieu nous soumet peut-être à des épreuves bien rudes qu'il faudra traverser avec toute notre foi et notre ferveur !

Il prit le Seigneur à témoin en dressant l'index vers le ciel et acheva son exhortation sur cette parabole :

— La prière est là pour vous ouvrir les yeux ! Dieu reconnaîtra les siens et les couronnera !

Les participants, littéralement collés aux lèvres du curé, le dévisageaient avec une curiosité attentive. Ils n'osaient réagir. Ses paroles avaient valeur de vérité. Les villageois parlaient de chaque sermon avec crainte. Certes, on connaissait parfaitement ses positions radicales et Marius Belli, le maire, avait dû intervenir plusieurs fois auprès de l'évêché pour remettre le prédicateur à sa place. Mais à force, on le supporta, on s'en accommoda. Il faisait partie des monuments du lieu au même titre que la stèle dédiée aux poilus de 1914-1918.

Adrien, nullement impressionné par les intonations du prélat, examinait pour passer le temps ce temple de la dévotion : la grande croix suspendue au centre du chœur, les fresques délavées et écaillées représentant des guirlandes de lavande et de blé, les statues poussiéreuses, les tableaux, le tapis rouge éculé, le retable aux gonds branlants... La lueur des cierges détournait les reflets des vitraux. Leurs flammes vacillantes ajoutaient une morosité particulière à cet édifice qui lui semblait si étranger. Il jeta un regard sur la montre d'Amélie et décompta les minutes qui le séparaient enfin de la rue, du soleil et de la délivrance. Puis, il s'attarda sur le visage à la fois énergique et beau de sa mère, un visage aux traits hardis et réguliers. Ses cheveux noirs montés en chignon, maintenus par deux peignes, découvraient un port rare chez une paysanne.

Le curé planté sur le perron saluait les paroissiens en serrant les mains, complimentant d'un ton doucereux son public, acceptant surtout les invitations à déjeuner, plaisantant sur le menu et le vin. Quand ce fut le tour d'Amélie, il poussa un cri de satisfaction :

— Ah, voilà donc le fameux fiston !

Amélie rougit. Ses joues prirent la couleur de deux belles tomates prêtes à tomber de leur tige.

— Je vous présente Adrien, dit-elle timidement.

Il posa paternellement la main sur ses cheveux, signe d'une divine protection.

— Alors c'est donc toi que l'on cache à Saint-Hubert ? apprécia-t-il. Tu me sembles bien timide.

Adrien baissa la tête, interdit. Un groupe de curieux s'était formé autour d'eux et les dévisageait.

— Amélie, quand m'amèneras-tu ce grand garçon au catéchisme ?

— Bientôt, mon père, bientôt.

— Et ton mari ? Depuis ton mariage, il n'a guère usé les bancs de mon église !

Et s'adressant à l'enfant :

— T'es-tu déjà confessé ?

Adrien plissa le front, fixa l'indiscret droit dans les yeux. Il n'avait ni l'intention de répondre, ni de se justifier. Le visage jaune, osseux du curé, ses yeux de porcelet enfoncés au plus profond des orbites le répugnèrent. Des yeux qui tentaient de percevoir l'intime vérité.

— Sais pas, lâcha l'enfant sans conviction.

— Comment tu ne sais pas, petit cachottier ! Une rencontre avec le Christ ne s'oublie pas ! Tu ne peux garder tes péchés pour toi, Jésus peut se fâcher ! continua le prêtre l'air satisfait et obséquieux.

Adrien bouillait. De quoi ce donneur de leçons se mêlait-il ? Que connaissait-il de sa vie ? Les souvenirs douloureux ressurgirent en force, des cauchemars qui s'entrechoquaient violemment dans sa tête. Les punitions, les interdictions, les privations, les brimades en tout genre qui étaient infligées pour un oui ou un non par les sœurs de l'orphelinat. Lui revinrent les heures passées à genoux, sur une règle carrée, prosterné devant la croix sous le regard impassible du Christ, lui revint la baguette de la hideuse Clarisse qui, lorsqu'il bougeait de trop, s'abattait sur les reins, les fesses, les épaules. Elle l'avait obligé à demander pardon pour des actes qu'il n'avait pas commis, pardon d'avoir été ingrat, pardon de chialer aux taloches des surveillantes, pardon parce qu'il faisait semblant de prier, pardon pour tout, pour rien, pardon d'être un enfant et de posséder quelques rêves secrets, pardon d'avoir été abandonné, pardon d'être né, pardon d'être seul, pardon de ne pas jouer comme les autres, pardon de ne pas mériter le bonheur, pardon de souffrir, pardon, pardon, pardon !

Adrien retint des sanglots. Il tremblait, le cœur ébranlé par un immense désarroi. Ces cicatrices ne se refermeraient donc jamais ? Comment pouvait-il remercier le ciel de son injuste naissance ? Mais lui le guerrier des montagnes devait se montrer très fort et cacher ses souffrances. Amélie comprit son malaise et l'écarta de cette délicate situation.

— Ne gâte pas trop cet enfant, reprocha le curé. L'éducation, ma fille, n'a pas que de bons côtés. Il faut savoir récompenser et punir… connaître le bien, traquer le mal…

— Merci pour vos leçons, je sais ce que je dois faire ou pas ! lança-t-elle au prêtre d'une voix sèche et agacée.

Elle arracha Adrien au regard culpabilisateur d'Ignace Crucus, l'entraîna au-delà du perron de l'église et le prit dans ses bras. La peau de son cou, douce et fraîche, exhalait la framboise. La chaleur de son corps protecteur le réconforta. Il se sentit petit, tout petit, minuscule.

— Qu'as-tu, mon fils ?

— Tu ne me quitteras jamais ?

— Mon petit, mon tout petit…

Ils s'étreignirent longuement, baignés par un même souffle.

— Maman, murmura-t-il, ma maman. Je veux plus voir ce sale type !

Julien sirotait sous la tonnelle un verre de rosé avec une vieille connaissance. Adrien se précipita vers lui et s'installa sur ses genoux.

— Maman a dit que tu ne traînes pas !

— Encore un coup, un dernier ! Le dimanche, les soucis peuvent attendre, s'exclama Léon Barlet, le propriétaire de la Bastide Blanche, une exploitation à deux lieues de Saint-Hubert. Moi j'ai le temps, Rémy est encore fourré avec le curé. D'ici qu'il me l'envoie au séminaire, j'aurai tout gagné ! Le Seigneur, lui, ne s'usera pas les pognes à serrer les manchons de la charrue, à bêcher, labourer, récolter fleurs, légumes, fruits, couper le bois, fouler le blé !

— Y suffit pas de prier pour que ça pousse ! rétorqua Julien.

— Rémy, c'est votre fils ? questionna Adrien.

— Faudra que tu montes à la bastide ! Vous deux, j'ai l'impression que vous formerez une belle paire de sacripants.

Colette Barnouin, la tenancière, apporta deux verres et une limonade. Elle pinça affectueusement le menton d'Adrien.

— Et Paul, ton julot ? demanda Barlet.

— Au lit avec une compresse sur la tronche. Hier au soir, il y avait la réunion du comité de la chasse, je ne te dis pas ! Il n'était pas bleu, mais complètement cuit ! Y a pas de quoi être fier !

— A partir de dix verres on ne compte plus, ajouta Julien.

— Tant qu'on compte sur ses doigts on en profite, après c'est le hasard qui commande... ricana Barlet.

Ils trinquèrent à leur santé et celle des bêtes. Léon se leva le premier. Sa masse, son cou rond et gras qui s'enfonçait par bourrelets successifs dans le col de la chemise, les manches retroussées sur des avant-bras de bûcheron, la tayolle rouge qui soutenait une bedaine consistante impressionnèrent Adrien.

La journée se déroula comme tous les autres dimanches. Julien profitait d'un repos amplement mérité. Le père avait dirigé le poste vers l'extérieur de la maison et sur le perron ils écoutaient de la musique. Une brise délicate s'empara de Saint-Hubert. Les bruissements intenses d'une vie nocturne s'amplifièrent. Un monde secret grouillait.

— Mon grand, c'est l'heure… lui dit tendrement Amélie.

Adrien embrassa ses parents et monta dans la chambre. Julien baissa le son et, l'oreille collée au haut-parleur, écouta les nouvelles.

6

Adrien avait du mal à s'endormir. Il ressassait la journée de ce dimanche. Rien ne devait entacher le bonheur si précieux que lui offraient Amélie et Julien. Effacer les traumatismes de l'orphelinat, surtout ne plus y penser et vivre dans l'insouciance, la paix, la quiétude de Saint-Hubert, tel était l'itinéraire fragile et délicat qu'il s'imposait...

Il suivit un rayon de lune doré qui filtrait obliquement par les persiennes et coiffait la couverture. Des objets étranges se dessinaient sur les murs. Des châteaux fantastiques glissaient du plafond sur l'armoire, remontaient, se perdaient dans les solives. Il entrebâilla les volets. L'Audibergue découpait dans l'horizon mauve sa masse brutale et sombre. Sur le perron, Amélie et Julien discutaient encore à voix basse.

— Crucus n'y est pas allé de main morte avec le petit ! Même pas un compliment !

— Pourquoi l'as-tu amené là-bas ! Ce corbeau effraie tout le monde ! Les femmes en ont peur et certains *totis* s'obligent à assister à la messe, craignant pour les récoltes ou les troupeaux !

— Je croyais bien faire, s'excusa Amélie.

— Adrien en a bouffé jusqu'à plus soif, des *capelans* ! Matin, midi et soir on devait lui en resservir ! Laisse-le vivre ! Qu'il respire, qu'il joue, qu'il mange, qu'il se régale à courir dans les champs, après on avisera !

— Le curé m'a demandé pour le catéchisme...

— Y manquerait plus que ça !

— Qu'est-ce qu'on dira au village ?

— Adrien ira à l'école, passera son certificat d'études... c'est plus important que les bondieuseries ! Quant à Crucus, s'il trouve à redire, qu'il vienne me voir... affirma autoritairement Julien.

Amélie, battue à plate couture par le discours imprévu de son homme, se tut. La TSF diffusait le dernier bulletin d'informations. Soudain, Julien se figea, suspendu à la lenteur de la nuit. Lorsqu'il éteignit le poste, il demeura tête basse, mâchoires serrées : l'air des mauvais jours.

— C'est si grave ? interrogea son épouse.

— On y va tout droit ! Les blindés allemands ont envahi la Pologne, leur aviation a bombardé Varsovie et Cracovie. Où s'arrêteront-ils ? La Tchécoslovaquie, les Sudètes, les Italiens qui poltronnent en Abyssinie et en Albanie... d'un côté Franco, de l'autre les Japonais en Chine... Daladier et Chamberlain qui font des révérences au clown autrichien, la grotesque ligne Maginot et j'en passe... Je leur en foutrai, moi, à cette bande de couillons ! Tous des incapables !

— Avant qu'ils arrivent jusqu'ici, il en coulera de l'eau sous les ponts... lança innocemment Amélie.

La logique irréfutable de son épouse détendit Julien. Après tout, Amélie avait raison. Castelroche ne relevait certainement pas d'une importance militaire stratégique !

— Quoique, Crucus est tellement tordu qu'il est capable de les inviter ne serait-ce que pour remplir l'église ! souffla Julien.

Adrien se recoucha. Un air de victoire battait dans sa poitrine. Il possédait à présent un allié formidable contre le curé et sa troupe de benêts. Le tic-tac du carillon s'égrenait. Le garçonnet comptait les mouvements du balancier. Les douze coups de minuit repris par une cloche lointaine tintèrent. L'escalier craqua. Amélie et Julien montaient à la chambre.

Adrien se leva plus tard qu'à l'accoutumée. Il se frotta les paupières engourdies de sommeil et descendit les marches une par une, en bâillant et en se tenant à la rampe. Amélie couva du regard son fils, un large sourire sur les lèvres. Le fichu bleuté couvrant ses cheveux adoucissait merveilleusement son visage.

— Déjà debout, mon lapin ! plaisanta-t-elle.

Elle stoppa le raccommodage d'une paire de chaussettes, piqua l'aiguille dans la bobine de fil et rangea l'œuf en noyer dans la boîte à couture. Adrien posa la joue contre son épaule et se laissa aller de tout son poids. Une tendresse merveilleuse prolongea le réveil et annonça une belle journée.

— As-tu faim ?

— Je voudrais du café comme Julien.

La phrase à peine achevée, Amélie se dépêcha vers le poêle, ôta un rond en fonte, jeta une poignée de brindilles pour raviver la flamme et mit l'eau à bouillir. Puis, le moulin entre les jambes, elle tourna les grains. Dans les minutes qui suivirent, les délicieuses odeurs du petit déjeuner firent saliver l'enfant. Son estomac gargouilla. A pleines dents, il s'attaqua à de larges tranches de pain croustillant nappées de gelée de framboise.

— J'ai pas bien dormi...

— Normal, c'était la pleine lune...

L'esprit dans le vague, Adrien imagina la rondeur de l'astre joufflu, sa circonférence parfaite, sa face grêlée, son allure de clown triste, cette lune qui naissait au bout du champ, que l'on pouvait attacher avec un ruban à la cime d'un arbre et garder pour soi.

— Ce n'est pas la faute à la lune !

— De qui donc alors ?

— Du curé ! Il a quelque chose de bizarre ! Sais pas quoi ! Il me fout la pétoche ! avoua Adrien.

— Il est comme ça... pas méchant !

Noirot sauta sur la table et exprima par de brefs miaulements son désir de lécher le beurre et la confiture.

— Julien n'a pas pu t'attendre, il est monté à la Bastide Blanche. Avec Léon Barlet, ils ont un gros boulot. Dès que tu auras fini, tu lui porteras le casse-croûte. La Truffe te guidera, il connaît l'itinéraire par cœur.

A son nom, le chien posa le museau sur les genoux du gamin.

Nanti de cette périlleuse mission, la musette au côté, le précieux bâton de berger au poing, le béret sur le crâne, Adrien franchit droit comme un « I » le portail de Saint-Hubert. Un au revoir sans se retourner, le chemin qui longeait la prairie l'avala. Il marchait d'un pas vif, fier et glorieux de tracer tout seul sa route. Il se saoulait d'espace. Il écartait la rudesse des côtes par une énergie démesurée. Le chien le précédait. Lorsqu'il prenait trop d'avance, il s'allongeait à l'ombre sous un buisson et les oreilles tombantes, la langue pendante, la queue frétillante, l'attendait. Parfois, il s'enfonçait sous les branches basses, débusquait les corneilles, flairait le musc des lièvres, pataugeait dans les trous d'eau, bousculait des bataillons de papillons mauves et reprenait avec des glapissements frivoles son travail de guide. Adrien s'arrêta au cœur d'un verger et grappilla quelques prunes. Les sucs amers lui firent grincer les dents.

La route se brisa sur une muraille épaisse de verdure qui détonnait dans l'agencement rectiligne des champs et des parcelles clôturées. La Truffe l'avait entraîné vers le nord, au fronton de cette montagne qui dardait sa puissance vers les gens de la plaine. La voix du mistral dans les failles créait un bourdonnement incessant comme si l'Audibergue grondait. Adrien toisa les falaises, devina dans l'ombre les grottes et les cirques dont les formes variaient selon l'orientation du soleil. Il fixa avec détermination ces sommets que le chevalier de Saint-Hubert devait impérativement conquérir. Son statut de berger était à ce prix ! Quelles forces obscures, quelles créatures fantasques d'eau, de terre, de bois, de chair peut-être, hantaient les interstices des pierres au point de murmurer, la nuit, le cantique des ténèbres ?

La Bastide Blanche se découpa dans un boqueteau de châtaigniers. Une allée de terre blanchâtre et poudreuse menait à une longue bâtisse en pierre, d'un seul tenant. La Truffe se rua vers le hangar. Léon et Julien, les bras maculés de rouge sang, se redressèrent en même temps.

— *Lou gari es acqui !* s'écria Barlet.

— Alors mon garçon, pas trop de mal à trouver ? demanda Julien.

— Facile, très facile…

Les hommes pataugeaient pieds nus, dans une boue violacée et puante. Une sueur grasse coulait sur leurs tempes et leur torse. Nettoyer les cuves et les barriques avant la livraison du vin nouveau était une des tâches ingrates de l'automne. « Plus l'élixir est bon, plus le ferment s'accroche et pénètre le bois », expliquait Léon Barlet. Ils grattaient à la paille de fer les tonneaux, les arrosaient à grande eau et recommençaient jusqu'à ce que les lattes retrouvent leur aspect originel. Ensuite, ils brûlaient l'intérieur avec une poudre de tanin et une mèche de soufre. Les émanations irritaient les pupilles et rongeaient les bronches. L'opération finie, ils roulaient les fûts devant la remise et les laissaient sécher plusieurs jours au soleil.

— Peux pas vous aider ? demanda Adrien.

— Tu vas te saloper et après tu connais Amélie... Je vais avoir droit à la soupe aux orties !

Léon siffla trois coups brefs. Un gosse, court sur pattes, les genoux écorchés, débraillé, un béret lui couvrant le crâne jusqu'à la naissance des oreilles, sortit à toutes jambes de la porcherie.

— Encore fourré avec les porcs ! Je t'ai déjà dit que les cochons au mois d'octobre on en fait des jambons, de la saucisse et du boudin ! Ça ne sert à rien de les câliner ! On dirait que de te vautrer dans le purin ça t'amuse ! Tu comprends ça, Julien ? Regarde le tien, nickel, pas une tache, propre comme un sou neuf ! Il peut mettre son habit au moins un mois durant ! Tu n'économises pas Alberte, cette pauvre femme !

Il respira un bon coup, ralluma sa cigarette roulée et fit les présentations.

— Bon, Rémy, voilà Adrien, le fils de Julien.

Et il retourna aussitôt à ses occupations, laissant les gamins face à face. La réprimande de Barlet réjouit Adrien. Se faire sermonner devant lui et de bon matin représentait une délicieuse vengeance. Le silence d'Adrien en disait long et Rémy comprit que ce nouveau camarade n'avait pas digéré la scène de l'église. Il le salua, s'efforçant néanmoins de démontrer un enthousiasme réparateur.

— S'cuse-moi pour l'autre dimanche, c'est le gros Marcel Barnouin, le fils du cafetier, qui a commencé à la sacristie. Il n'en manque pas une ! Même le curé lui a demandé de se taire !

— Pas grave, répondit Adrien d'une façon désinvolte.

— Tu nous en veux encore ?

— On verra, on verra…

L'été se déroula sous les meilleurs auspices. L'amitié entre les garçons perdura et se renforça même. On ne voyait jamais l'un sans l'autre. Le gros Marcel fut mis à l'amende d'une carriole en bois de cagette avec des roulements à billes, d'une tablette de chocolat noir et d'un Opinel. Adrien décida que sa pénitence durerait jusqu'à Noël. Le bougre devait faire ses preuves car on ne s'enrôlait pas dans les chevaliers de Saint-Hubert sans avoir démontré sa fidélité. Dès l'aurore Rémy montait chercher son copain à la ferme. Munis d'une gourde et de quelques provisions, ils partaient en vadrouille, cavalaient des journées entières, prenant la dimension d'une contrée qu'Adrien s'appropriait pleinement. Les vallons paraissaient moins touffus, les sentiers moins longs et plus ombragés. Jamais les baies sauvages ne furent aussi rafraîchissantes.

Sur un carnet, Adrien notait les détails qui l'intriguaient : les allées et venues des uns et des autres, les habitudes des vieilles qui, d'une démarche traînante et résignée, se rendaient au cimetière pour nettoyer et fleurir les tombes, les chariots de foin bringuebalants, les camions chargés d'énormes rochers déboulant à toute allure sur la route de Saint-Vallier, l'heure à laquelle les chevriers appelaient les brebis…

Quand le soleil se couchait derrière le clocher, ils se séparaient à la rivière et chacun regagnait ses pénates. Adrien possédait dans sa besace moult histoires à raconter et autant de questions à poser.

7

Le domaine d'Adrien s'étendait à présent bien au-delà des limites de la ferme. Les territoires explorés s'avéraient appréciables. Le soir, dans l'intimité de sa chambre, il complétait la carte de ses conquêtes, coloriait les zones encore inconnues et traçait de véritables plans de bataille encerclant inévitablement l'Audibergue. Tendu sur ses éperons, le massif rocailleux le narguait. Adrien, par respect pour Rémy, se retenait d'affronter le massif car son camarade suivait à la lettre les recommandations de son père et enfreindre ses ordres tombait sous le coup de punitions cuisantes. Un peu de patience et il cédera... se dit le chevalier de Saint-Hubert.

— S'il m'en vire une, y me met la tronche à l'envers ! Une fois je suis resté plus d'une semaine enfermé avec les volailles, avec pour seule nourriture du son et du pain rassis trempé dans l'eau. Je buvais à l'abreuvoir et roupillais dans la paille ! avoua Rémy Barlet.

Durant des heures, accroupis derrière les roseaux, ils déchiffraient le monde secret de la vase, celui des fonds alluvionnaires aux nuances fondues d'émeraude, espionnant le comportement des grenouilles. Ils combattaient les taons, dressaient les grillons, observaient l'impertinence des pies, imitaient le sifflement des merles nichant dans les boqueteaux, organisaient des courses de lézards verts, débusquaient des terriers de lièvres et de renards. La nature leur entrouvrait sa magie.

Le tressaillement des cèdres sous la brise, le bourdonnement des abeilles à l'approche des ruches, le glissement voluptueux des tourterelles, le conciliabule discret des sources, l'extraordinaire rumeur qui envoûtait les sous-bois préparaient de mystérieux rendez-vous. Adrien rencontrait à chaque instant le miracle bouleversant d'une vie occulte.

Depuis leur départ de Saint-Hubert, les enfants longeaient les ruines du Cafard. Adrien s'écarta du chemin praticable, sauta un ruisseau et prit par l'ubac. Il emprunta la direction du nord et grimpa vers des surplombs grisâtres, plissés comme de la pâte à pain. Leur nudité exprimait une austérité démesurée. Il prétexta un intérêt majeur pour une plate-forme qui prenait en ligne de mire tout le site. Cette stratégie mûrement étudiée lui permit d'attirer Barlet sur les flancs de l'Audibergue. Il l'emmenait toujours plus haut, toujours plus près du défi qu'il s'était lancé. Rémy gémissait, ronchonnait, pris au piège de la désobéissance.

— Je te promets qu'on n'ira pas plus loin que là !

Et il désigna un vague point vers les à-pics de Cabrière, une sorte d'interminable promontoire de calcaire blanchâtre, barbu dégoulinant de mousse, d'où s'envola une compagnie de buses au bec jaune.

— Depuis qu'on est partis, tu me dis que c'est là ! Et on monte, et on monte ! Ça n'en finit pas !

Rémy râlait de tout son soûl. Si un berger ou un bûcheron le surprenait et en discutait avec son père ! Non, il ne pouvait envisager une telle éventualité.

— Sois pas trouillard ! Et puis s'il te fout dehors il y aura toujours une place chez moi !

— Rigole, rigole, pleurnicha Rémy. Ça se voit que tu ne connais pas le ceinturon de Barlet ! Une fois, il m'a tiré les oreilles tellement fort qu'il a failli me les décoller. Durant plus d'une semaine je n'ai entendu que des bourdonnements. J'ai cru devenir sourd. Un autre jour, il m'a démis l'épaule. Tu veux que je continue ? La liste pourrait être longue !

— Et ta mère, elle ne bouge pas ?

Rémy marqua un temps d'hésitation. Un rictus dégoûté au bord des lèvres, il hoqueta :

— Ma mère ? Elle a disparu quand j'avais à peine trois ans ! Je ne peux pas t'en dire plus. Si je pose une question sur le sujet, Barlet devient fou et j'ai pas envie de mourir !

— Mais alors la femme de la Bastide Blanche ?

— Alberte ! une cousine de Saint-Auban que mon père a ramenée un beau matin. Pas mauvaise... Elle m'a élevé comme son propre fils. Quand ça barde trop elle se planque dans l'écurie ! Elle le craint encore plus que moi !

Ils s'engagèrent sur une corniche étroite qui laissait tout juste le passage à une mule. Les plaques jaunies de lichen rendaient la sente particulièrement glissante par endroits. Après la ligne grise du vide, c'était le grand plongeon dans le torrent bouillonnant d'écume. Les remous tournoyaient sur eux-mêmes et semblaient aspirés dans les entrailles du lit. Rémy ne pouvait plus reculer, obligé de suivre l'intrépide qui s'attaquait à présent au flanc de la montagne. Des gouttes de sueur baignaient ses tempes. Il portait des regards anxieux en arrière.

— Alors bonhomme, on suit !
— Tu m'avais promis que...
— Ne gaspille pas ta salive, on est presque arrivés !
— Attends-moi ! rugit-il désespéré.

Adrien avalait à grandes coudées les raidillons. Ses semelles soulevaient une fine poussière impalpable. Il serra le pommeau de son épée en bois et secoua son compagnon à la peine. A présent, il démontrait une emprise réelle sur lui. Les parfums doux des lavandes, ceux plus épicés des cades le stimulaient. Il faudra que Rémy prouve son courage et fasse de réels efforts pour prétendre être mon second ! Quant au gros Marcel Barnouin, lui aura encore des comptes à me rendre !

A destination, ils se reposèrent enfin. Une dalle brûlée par le soleil, un auvent en forme de capuchon, les restes d'un feu fossilisé, une musette oubliée par un journalier ou un vagabond, le tintement épars des clochettes... il n'en fallut pas plus à Adrien pour prendre une décision importante :

— Désormais nous établirons notre quartier général ici !

Et il grava ses initiales sur une plaque schisteuse. Rémy resta muet, la bouche grande ouverte, incapable d'un geste. Il renonçait. Adrien était trop malin pour lui.

Les yeux bleu clair d'Adrien couvrirent d'indulgence son compagnon d'aventure. Une sorte de compassion doublée d'une peine bienveillante le toucha au point de regretter sa témérité. Les traits tirés de Rémy, sa face blanche de navet prouvaient sa contrariété. Une détresse abominable creusait des cernes sous les paupières. Il se mordillait les joues et retenait de profonds sanglots.

— Que va dire mon père ?

— Pourquoi il le saurait ?

— Regarde donc mes godasses, écorchées à la pointe et sur les côtés ! Qu'est-ce que je vais lui raconter ?

— T'es pas rendu chez toi que tu penses déjà à la rouste que tu vas prendre ! Qu'est-ce qu'il y a là-haut de si terrible ?

— J'sais pas, Adrien, sais pas, je te le jure !

Adrien laissa Rémy à ses bouderies. Peu à peu le râleur se calma et reprit son souffle. Sa respiration devint moins saccadée. Quelques roseurs colorèrent son teint si pâle. Ils ne se parlèrent plus, réfugiés dans de profondes pensées. Les bruits se firent rares. Un silence lénifiant baigna le site. Adrien se demanda s'il n'avait pas exagéré, si un tel incident ne nuirait pas à leur relation. Il savait bien ce que l'amitié définissait profondément, lui qui n'avait jamais eu de vrai copain. Il rejeta de toutes ses forces la pesante solitude qu'il avait jadis connue. Certes, Léon Barlet par sa rusticité se montrait ferme envers son fils, lui imposait une éducation à la dure, mais pour quelles raisons il lui interdisait de cheminer sur l'Audibergue ? Que cachait donc ce massif ? Quel mystère vivace et cruel habitait combes, barres et baisses ? Quels spectres hantaient cairns et drailles ? Adrien posa son menton sur ses paumes et réfléchit. Un monde de géant enflamma son imagination. Un univers qu'il se devait de découvrir.

— Tu me fais toujours la gueule ?

Rémy déboutonna le col de sa chemise et avoua :

— Tu me mets dans un de ces pétrins ! Pourquoi je t'ai suivi jusqu'ici ?

— Explique-toi à la fin ! Y a-t-il un monstre à sept têtes là-haut ?

— Mais non !

— Une sorcière griffue ? Un ogre qui bouffe les enfants ?

— Mais non ! hurla Rémy exaspéré.

— Alors pourquoi tu te mets dans ces états ?

— Parce que, après la barre de Cabrière, il y a le Grand Combeau ! mâchouilla-t-il.

— Et alors ! Derrière une montagne il y a toujours une autre montagne ! lança Adrien, le torse gonflé comme un roitelet.

— T'y comprends rien, vraiment rien ! Au Grand Combeau, il y a...

Rémy resta la bouche ouverte, suspendu à sa phrase.

— Il y a quoi ?

— Ça te regarde pas ! Je veux rentrer !

Adrien n'insista plus. Ils reprirent aussitôt le chemin du retour. Dans l'instant, il devait ménager la chèvre et le chou, afin de retrouver la confiance de Barlet. Il lui passa affectueusement le bras autour des épaules.

— Allez, amis ?

— Tu recommenceras plus ?

— Craché, juré !

Les excursions suivantes ne dépassèrent pas les limites des propriétés de Saint-Hubert et de la Bastide Blanche. Mais parfaitement ancré dans un coin de l'esprit, le mystère de l'Audibergue demeurait vivace. Adrien ne démordrait pas de ses intentions. Son opiniâtreté enflait sous sa peau comme la brûlure d'un tison ardent. Un de ces quatre matins, il déballera son sac !

La famille Philibert profitait des dernières longues et radieuses soirées de l'été. Le dîner achevé, ils prenaient leurs chaises et s'installaient sur la terrasse ; des moments envoûtants où ils se retrouvaient comme une vraie famille. Amélie, Noirot sur les genoux, tricotait ou bien écossait des haricots et chantait à mi-voix toujours la même rengaine :

On dit que vous allez partir
Que rien ne peut vous retenir
Pourtant vous laissez ici même
Un cœur qui souffre et qui vous aime[1]...

Julien et Adrien, côte à côte, se parlaient en aparté, se murmuraient des confidences d'hommes. La Truffe étalé de tout son long profitait de la tiédeur du dallage. Adrien écoutait Julien avec une attention inouïe. Jamais il ne se trompait. Il savait tout sur tout, chaque image engendrait un secret et s'enchaînait avec une autre encore plus énigmatique avivant ses sens au paroxysme. Il devenait le centre de ses connaissances.

— M'emmèneras-tu sur les pâturages l'an prochain ?

Julien sourit. Il constata que le petit avait la caboche dure et la mémoire longue.

— Tu dois apprendre ce qu'un vrai berger doit savoir. La montagne est un monde qui change à chaque saison, à chaque pluie, qui est capable de modifier son aspect après un orage ou une tourmente de neige. Vois-tu mon garçon, on peut l'apprivoiser, la traverser, mais jamais elle ne se livrera entièrement.

Les yeux d'Adrien s'arrondissaient. Il voguait au travers des récits comme dans un roman où, au détour des chapitres, les énigmes se livraient encore plus complexes et enivrantes.

— Mets-lui de bonnes idées dans la tête, bougonna Amélie.

1. Albert Cotte, carnet de chansons du service militaire, 1927, Editions Alpes de Lumière.

— Il faut qu'il se fasse !

— Avant les escapades, il y a l'école... en conclut Amélie. Marius Belli, le maire, m'a informé que l'instituteur ne tarderait pas à arriver.

Adrien sauta au cou de sa mère et lui donna de gros bisous bien claquants.

— Toi, tu as quelque chose de pas catholique à m'annoncer !

— Maman, ma petite maman, avec Rémy, j'ai été jusqu'à la combe de Cabrière !

— Ça pour une escalade, c'est de l'escalade ! s'esclaffa Julien.

— Si Barlet sait que tu as entraîné son fils là-haut, il va en faire une maladie ! Le garnement va avoir les fesses qui chauffent.

Adrien dépeignit avec justesse les angoisses de Rémy et n'omit aucun détail sur sa randonnée. Amélie et Julien, surpris par sa verve, ne purent éviter les interrogations de leur fils. Néanmoins, ils restèrent évasifs.

— Des racontars comme dans tous les patelins... ajouta Julien.

— Et Rémy là-dedans...

— Tu en as assez appris pour ce soir ! Au lit, fiston, il se fait tard !

— Mais papa...

— N'insiste pas, un jour ou l'autre tu découvriras bien le fin mot de l'histoire !

Son père en avait trop dit ou pas assez. Néanmoins, le mystère demeurait entier. Résigné et perplexe, Adrien embrassa ses parents et regagna sa chambre, la tête envahie d'interrogations qui le tracassaient.

8

Le chauffeur stoppa le moteur de l'autobus, ôta sa casquette et s'épongea le front avec une serviette. Les vantaux métalliques tremblèrent et vacillèrent sur leurs montants. Une bouffée d'air suffocant envahit la cabine surchauffée.

— Terminus, tout le monde descend !

Les passagers se levèrent et s'agglutinèrent dans l'allée. Cabas et paniers au-dessus de leurs chapeaux, ils poussaient les traînards vers la sortie, n'hésitant pas à proférer en patois toutes sortes de noms d'oiseaux. Louis Rosenberg perdu dans ses songes, le front appuyé contre la vitre, mit un long moment avant de réagir. Une singulière inquiétude l'oppressa. Il se sentit soudain seul face à lui-même, face à une armée de sensations indéfinissables qu'il devrait affronter et surmonter. Lorsque avec ses camarades de l'école normale de Nice, dans l'univers feutré des bibliothèques ou des amphithéâtres, ils refaisaient le monde, éreintant les méthodes et les pédagogies des anciens professeurs, tout lui paraissait si facile… A présent, confronté à l'ampleur de sa tâche, il ne pouvait plus reculer. La dure réalité remplaçait les folles utopies. Il devait donner un véritable sens à ses desseins et ses choix. Au pied du mur, il tenta de se rassurer en énumérant à voix haute les priorités :

— En premier, une visite au maire, ensuite l'école, le logement, une auberge pas trop chère... En fin de semaine, après l'inventaire du matériel scolaire, j'informe l'inspecteur de circonscription, le délégué cantonal de l'état des lieux et des conditions de mon installation. Après on y verra plus clair. Courage, Louis, courage !

Deux jours auparavant, le jeune maître, en possession du *dignus intrare*, avait reçu de l'académie sa mutation et la feuille de route. Désormais, il s'engageait sur une voie sensible et délicate où, sous le regard des parents et des élus, il affirmerait quotidiennement son savoir, sa légitimité et porterait haut la pierre angulaire de la République, creuset de la liberté.

« La vocation, jeunes hommes et jeunes filles, la vocation ! Votre métier est pénible, il exige beaucoup de forces et d'abnégation, vous serez toute votre vie en proie aux enfants ! Qu'importe, votre rêve se réalise enfin ! Vous allez débuter dans un petit poste, faire votre apprentissage dans un « trou » perdu dans la montagne, souvent un vilain pays avec des gens frustes, des enfants désagréables souvent absents lors des moissons ou autres intempéries ! Vous regretterez alors les salles de cours de l'école normale, la belle bibliothèque, les causeries, les rêves d'avenir, l'étude fraternelle, les sources spirituelles ! Mais cette première mission vous ramènera à la réalité exacte de votre fonction. Ce premier contact avec la vie active déci dera du bonheur de votre carrière et vous convaincra de la grandeur de votre rôle. Un humble village et quelques élèves querelleurs, c'est tout de même un coin de France que l'académie vous confie. Il vous importe de faire de ces rebelles d'aspect ingrat des hommes, de véritables citoyens ! Les paysans ont du bon sens à revendre. Ils causent peu, mais observent et jugent et vous font vite passer pour un sot ! Liez-vous à eux sans vous mélanger ! Vous devez être irréprochable par votre moralité, votre civisme, votre apparence et votre sévérité ! Vous avez tout à y gagner ! A ce moment-là, au vu de votre réussite, vous pourrez prétendre aux postes prestigieux dans les grandes villes et même accéder après concours aux collèges ou aux lycées ! Mais n'oubliez jamais que l'école de la République est sacrée[1] ! »

Nanti de ces ultimes et précieuses recommandations, il prépara son paquetage et embarqua pour Castelroche.

— Si vous êtes en vacances, moi c'est pas le cas ! J'ai une seconde tournée qui m'attend ! râla le chauffeur.

Le soleil éblouit la longue silhouette efflanquée du voyageur. Il but une interminable goulée d'eau au canon de la fontaine et humecta un mouchoir qu'il noua autour du cou. Les gens s'étaient volatilisés comme par enchantement. En plein après-midi, le bourg semblait s'arrêter brutalement de respirer. Une chape de plomb en fusion s'abattait sur la place déserte. Le goudron mollissant collait aux semelles. L'absence de bruits dégageait une impression désagréable. Dans ce décor dantesque, Louis Rosenberg se posa une question primordiale : où aller ? Il se sentit ridicule, désorienté, planté là, au beau milieu de nulle part, sans repères. Il rassembla son courage, boutonna sa veste et choisit d'emprunter l'artère principale qui menait irrémédiable ment vers le bas du village. A cet instant précis, il se débarrassa du statut d'étudiant et devint le maître d'école de Castelroche

1. Joseph Soleil, *Le Livre des instituteurs, discours de sortie de l'école normale, devoirs et droits des membres de l'enseignement*, Paris, Librairie le Soudier, 1937.

Les façades aux crépis ocre se perdaient dans un dédale d'ombres diffuses. Les venelles serpentaient, s'entrecroisaient, se recoupaient, conduisaient vers des cours torturées, des recoins insoupçonnés, des escaliers en colimaçon. Le pas de Rosenberg retentissait sur les pavés. Les rideaux de glands ou de perles de verre battaient le bois des portes entrebâillées. Un fumet d'huile d'olive, de tomates, de thym, de lauriers roussis s'évaporait des couloirs. Louis pressentait que, cachées derrière les jalousies, des présences immobiles épiaient avec attention le drôle d'étranger qui déboulait chez eux. Un gars un peu ahuri allongea son cou du porche d'une écurie et lui adressa une grimace béate. Un chien lui fit des fêtes et marqua le bas du pantalon de traces blanchâtres. Il croisa une femme grisonnante, assez grande, vêtue d'une robe de lin écru, d'un long tablier bleu, un panier gavé de prunes suspendu au coude.

— Madame, s'il vous plaît, la mairie ?

Elle fixa l'intrus long comme un fil de fer, très maigre, aux cheveux blonds, aux yeux bleus, perçants, à l'accent à couper au couteau et lui désigna vaguement du doigt une bâtisse carrée en pierre grise, entourée d'un jardinet où s'élevait la stèle des martyrs de la Grande Guerre. Puis, sans autre explication, elle continua son chemin. Des hirondelles tournaient au-dessus des toits couleur rouille. La poulie d'une faîtière grinça. Des tourterelles se pavanaient sur la margelle d'un lavoir rectangulaire.

Louis Rosenberg grimpa d'un bond les trois marches de l'hôtel de ville. La fraîcheur du vestibule le ravigota. Il ajusta son habit, brossa avec ses doigts la poussière qui maculait sa veste et tapa trois coups discrets à la double porte

— Entrez ! résonna jusqu'aux combles.

Il pénétra dans la salle communale tapissée de jaune fané qui servait à la fois aux réunions du conseil municipal et de bureau pour le maire. Il se trouva face à un personnage un peu raidi, au visage anguleux, à l'allure élégante qui détonnait avec l'image campagnarde que Louis imaginait. Des favoris rejoignaient une moustache peignée et fière. Le premier magistrat semblait s'être égaré d'un tableau flamand du siècle dernier. Le regard scrutateur au-dessus des besicles rondes transperça le jeune homme. Louis passa outre à cette première impression intimidante et se présenta :

— Louis Rosenberg, le nouvel instituteur.

Marius Belli referma un dossier, se leva et lui tendit une main particulièrement ferme.

— Je ne vous attendais pas aujourd'hui !

— Dès que j'ai reçu mon affectation, je me suis mis en route.

— Vous me paraissez bien jeune, mon cher ami ! Rosenberg… ce nom ne m'est pas inconnu !

Belli fronça les sourcils et marcha de long en large. Des rides saillantes marquèrent son front.

— Rosenberg, répéta-t-il.

— Je suis le fils aîné de Jacob Rosenberg.

L'épopée de cette famille avait défrayé les chroniques de l'époque. Jacob Rosenberg, agent de police à Berlin, avait dû fuir avec femme et enfants la montée du national-socialisme et la brutalité des sections de protection, les *Schutzabteilung*. Peu de temps après, leur cousin Emil Beck, autrichien, négociant en vin, forcé et contraint lui aussi d'échapper aux griffes des tyrans, les rejoignit. L'araignée noire, venimeuse du fascisme avait clairement désigné l'ennemi juif, cause de tous les maux. Des discours de plus en plus virulents rendaient le peuple allemand aveugle et sourd. Une maladie collective, une épilepsie ignoble, une frénésie contagieuse s'étaient emparées d'une nation tout entière. Riches, pauvres, agriculteurs, ouvriers s'étaient unis sous la bannière du cynisme et de la veulerie.

Réfugiés sur la Côte d'Azur, les Rosenberg et les Beck, grâce au comité d'aide aux réfugiés[1] israélites, purent s'installer dès 1933 à Saint-Cézaire. Jacob, un homme simple, fut immédiatement adopté par les villageois et menait une vie paisible, toujours disposé à rendre service à qui le souhaitait. Les Rosenberg et les Beck obtinrent par ce comité, moyennant la somme de quatre cents francs due à la préfecture, une carte d'identité les autorisant à un séjour de trois mois sur le territoire, ensuite, le statut de réfugié politique et, moins d'une année après, la nationalité française. Parfaitement bilingue, Louis se lança corps et âme dans les études, n'eut aucun mal à suivre une scolarité exemplaire et à réussir le concours d'entrée à l'école normale.

Dubitatif, le maire, un instant silencieux, déclara :

— Tant que la politique ne pénètre pas nos campagnes, la tranquillité de mes concitoyens sera assurée, toutefois...

— Monsieur, on ne peut rester aveugle et sourd devant la sauvagerie et l'incompréhensible, même au-delà de nos fragiles frontières ! Ce n'est plus le peuple de Goethe, de Heinrich Heine, de Beethoven qui chante ! La haine a remplacé la raison ! déclara Louis, une grande affliction sur le visage.

1. CAR, créé à Nice. Sa fonction fut d'aider à légaliser le séjour des expulsés juifs italiens et allemands. Ce comité fonctionna jusqu'au décret du 2 mai 1938. Après, d'autres filières clandestines furent mises en place malgré une surveillance accrue de la frontière entre Menton et les Hautes-Alpes.

Marius Belli coupa court à cette discussion qui le mettait mal à l'aise et revint à la réalité du moment.

— Ici, à Castelroche, le pain blanc n'a jamais fait défaut ! Les gens sont accueillants et j'espère que vous vous y trouverez bien. Je compte sincèrement sur vous pour redorer le blason de notre école afin de redonner vie à la jeunesse de ce merveilleux village ! A présent des problèmes importants sont à l'ordre du jour, ne serait-ce que votre installation.

Deux années sans instituteur ni remplaçant ! La retraite arrivant, le précédent maître, excédé par les tracas qui s'accumulaient, les conditions d'exercice, le je-m'en-foutisme de la population et des élus, exténué par une solitude tenace, n'eut qu'une hâte : rejoindre son épouse à Nice et bénéficier enfin d'une quiétude méritée. La dernière cloche sonnée, il laissa la classe en l'état, empila armes et bagages sur une carriole, ferma le bâtiment à clef et disparut sans un au revoir comme si le diable le poursuivait.

La « maison d'école » ressemblait à un sanctuaire inutile où résonnaient encore les chahuts d'antan. L'abandon sonnait le glas du savoir, de la citoyenneté, du bonheur d'enseigner à autrui. S'enterrer dans les zones rurales, peu accessibles, exsangues de toutes commodités, rebutait les fonctionnaires les plus volontaires ; un véritable casse-tête que l'académie devait absolument résoudre. Les bruits de mobilisation générale n'avaient fait qu'aggraver le problème et il fallut attendre la nouvelle promotion de l'école normale pour qu'enfin ce poste jouisse d'un prétendant sur un quota de « non enrôlables » dans les forces armées françaises.

Les paysans s'habituèrent à une situation qui, de fait, les arrangeait parfaitement. L'école représentait pour eux une réelle contrainte. Ils avaient impérativement besoin de main-d'œuvre pour les gros travaux de la ferme : labours, semailles, moissons, battage, cueillette des olives et des fruits, ramassage de la lavande pour les distilleries de Grasse... Ils déclaraient sans vergogne que les enfants n'avaient pas besoin d'apprendre à lire pour cultiver, qu'ils préféraient le patois de leurs ancêtres au français châtié des bourgeois. Les études leur faisaient perdre un temps précieux, donc de l'argent : « Les filles aux troupeaux, aux fourneaux, aux tâches ménagères ! Les garçons à l'étable, aux labours, aux récoltes ! » Rivés à la terre qui les avait vus naître et grandir, ils écartaient sans scrupules les ambitions et les désirs de leur progéniture. Ils ne reconnaissaient que la glaise qui collait aux semelles. Même si la vie rurale n'offrait que labeur, austérité et souffrance, ils l'acceptaient comme telle.

L'école se nichait à l'écart du village, dans un corps de ferme acquis par la municipalité après la mort d'un propriétaire sans héritier. Elle débutait la rue Principale si l'on se dirigeait vers le nord ou la clôturait si l'on suivait la pente des eaux. Les lettres, inscrites en majuscules à la peinture noire sur le fronton cintré, dans un rectangle blanc, imposaient un respect certain. Au rez-de-chaussée la salle de classe, au premier étage, après un corridor dallé, le logement du maître. A l'ouest, le « jardin d'école » qui permettait au maître de récolter quelques timides légumes et qui systématiquement devenait l'observatoire des leçons de choses. En contrebas, la cour de récréation en terre battue, délimitée par un fouillis de ronces, glissait en pente douce vers une plaine en friche, puis dérivait vers les premiers arpents argentés de la montagne. Un platane gigantesque étendait son ombre langoureuse sur une nappe de pissenlits. Louis scruta cette aire où les enfants exultent et se déchargent de la concentration exigée par les leçons et l'autorité du maître. Des trous pour jouer aux billes en terre, à la pigne, une marelle tracée à la chaux, un cerceau gisant sur le flanc, des quilles éparses, les battants des toilettes entrouverts… La cour de récré… un univers clos avec ses règles, ses lois, avec ses moments de délice, de cruauté, de violence, de promesse et de douceur qui composent le parcours si complexe de l'enfance. Ce paradis voilé de nuances subtiles attendait un coup de baguette magique pour se réveiller.

Lorsque l'automne étendra sa rousseur sur les coteaux de l'Audibergue, au coup de sifflet ou à la cloche tintante, un déchaînement spontané de cris, de rires, de chants, de bousculades animera cet espace réservé et privilégié. Que d'illusions, d'aventures, de chamailleries, de vagabondages, d'espérances naîtront le jour de la rentrée… Enseigner que l'être est supérieur à la barbarie, qu'il doit impérativement refuser la loi du plus fort et démontrer que le respect de la dignité humaine est essentiel, tel sera mon rôle d'enseignant, ma profession de foi ! se jura Louis Rosenberg.

9

Louis jaugea d'un œil expert l'extérieur de l'établissement. Enfin, il y était. Ce domaine serait désormais le sien. Un agréable sentiment de fierté l'envahit. Il se sentit pousser des ailes. En capitaine courageux, il mènera sur un frêle esquif un équipage de moussaillons. Ensemble, ils prendront le large, fendront les vagues de l'existence pour enfin voguer sur un magnifique trois-mâts qui défiera toutes les tempêtes. La clenche, encroûtée de rouille, lui résista. Il s'y reprit à deux fois avant que le pêne cède. L'écho d'un claquement souffreteux résonna dans l'entrée. D'un coup d'épaule il poussa la porte gonflée par l'humidité et l'ouvrit en grand. Une odeur de renfermé se volatilisa, puis lentement, lui parvint celle si caractéristique de la salle de classe : des pupitres au bois usé et gravé par les canifs, de l'encre mauve, de la craie, du tableau noir, du papier, des ardoises, des cahiers. ces effluences particulières qui constituaient l'atmosphère précieuse de l'enseignant. Pas à pas il franchit le seuil de ce refuge aux reflets clairs-obscurs. Le plafond badi geonné à la chaux renvoyait sur les vitrages poussiéreux la douceur ineffable du soleil couchant.

Louis n'avait qu'une hâte : s'installer et se reposer enfin. Il remit à plus tard la visite de l'ensemble des locaux. Après une enfilade d'alcôves et de greniers borgnes, embarrassés par les panneaux de la dernière campagne électorale, le modeste deux-pièces mansardé, soi-disant meublé, lui offrit la vision cauchemardesque d'un taudis. Un imposant bric-à-brac d'objets, de livres, de journaux, d'outils jonchait le sol et encombrait les murs. Une colonne de cafards grimpait silencieusement dans un angle et suivait la corniche du plafond. D'autres s'agglutinaient dans les recoins ou bien défilaient dans un ordre impeccable entre les interstices du carrelage. Un ruban tue-mouches putréfié dégoulinait des poutres. Cet endroit ressemblait plus à un débarras qu'au logement digne de sa fonction. Louis posa son bagage sur un vieux bureau criblé de taches. Partagé entre l'envie de rire et celle de pleurer, il tapa avec violence les murs de ses poings.

— Mais qu'est-ce que je fous ici ! Mais quelle pagaille ! Mon pauvre Louis, tu n'es pas au bout de tes peines ! hurla-t-il.

Un spectacle de désolation s'étalait à son regard.

— Si le reste est dans un état identique, je ne suis pas sorti de l'auberge ! Monsieur le maire, je pense que nous allons avoir de sérieuses explications ! ragea-t-il furieux.

Lui si précis, si ordonné, si méticuleux n'avait pu imaginer un seul instant que la « maison d'école » puisse sombrer dans un tel naufrage

Il eut soif. Lorsqu'il desserra le robinet en bronze, la tuyauterie vibra, un liquide marron, tiédasse, s'écoula par saccades dans l'évier. Il attendit de longues minutes l'eau claire et rédemptrice qui apaisa enfin sa gorge sèche. Les événements précipités des dernières heures, l'énorme fatigue du voyage, le dépaysement brutal lui ôtèrent toute énergie. Il remit au lendemain ses velléités de rangement. Il se fraya un passage jusqu'au sommier nu, sans matelas ni couverture, passablement entamé par les mulots, et s'allongea les bras croisés derrière la nuque. Des milliers d'urgences à résoudre giclaient dans son esprit à la vitesse d'une comète. Quelle attitude devait-il adopter face à des élus si négligents ? L'affrontement ? L'ironie ? La courtoisie ? Devait-il placer le maire, garant du service public, devant ses responsabilités ou bien apaiser l'enjeu et s'accommoder de ces conditions précaires ? Résigné, il tenta de se calmer, de s'habituer à cet environnement étrange, de chercher un sommeil réparateur, mais en vain ! Il sursauta aux craquements des boiseries, s'inquiéta des bruissements extérieurs, se figea au hululement de la chouette, se raidit aux craquements des branches et des rafales tourbillonnantes. Sa résistance céda peu à peu. Il tourna, se retourna sur le grabat, se replia en chien de fusil et sombra dans un engourdissement tourmenté.

Lorsqu'il ouvrit les yeux, les ténèbres se diluaient en vapeurs grises et laiteuses ; une pâleur qui n'annonçait pas encore le petit matin. Déjà des bruits épars précédaient le réveil du village. Un concert de meuglements, de piaillements, de grognements démontrait l'impatience des bêtes prisonnières de leurs étables. Louis s'accouda à la fenêtre. Les séchoirs se bistraient de rosée. Une aurore azurée emplissait lentement la rue principale. Promontoires et buttes émergeaient dans le lointain tels des remparts imaginaires et absorbaient le pastel des lavandes. Son attention fut attirée par une femme et une gamine qui dévalaient une sente en zigzag à flanc de pierrier et se dirigeaient vers le cimetière. Elles disparurent derrière une haie de cyprès. Un souffle d'air frais agita les feuilles d'un buisson de glycine qui rampait allègrement sur la façade. La corne d'un berger sonna le rassemblement d'un troupeau. Louis se délecta de cette bribe de tranquillité et oublia les péripéties de son arrivée. La fraîcheur de l'aube lui remit les idées en place. Il se sentit ragaillardi, prêt à en découdre, à exiger un confort minimum, à imposer ses conditions.

— Chaque chose en son temps, murmura-t-il. D'abord un bon petit déjeuner et après ces charlatans verront de quel bois je me chauffe !

Louis écarta le rideau et franchit le seuil du café des Chasseurs. Un silence impressionnant s'abattit durant quelques minutes dans le troquet. Les premiers consommateurs, un verre à la main, scrutèrent le grand échalas blondinet qui pénétrait dans leur antre. La salle carrelée, au plafond bas, était décorée de têtes de sanglier, de mouflon, de chamois, autant de trophées de chasse qui faisaient la fierté du propriétaire. Sur les tables rondes de faux marbre bistré, garnies de jeux de cartes et de tapis délavés, trônaient des crachoirs destinés aux chiqueurs. Les étagères ployaient sous les piles de plats, de bouteilles, de verres. Les glaces piquées à l'encadrement baroque, la cheminée surmontée d'une pendule sous globe, les gravures punaisées en quinconce représentant des scènes de chasse, un chardon séché piqué au centre d'une poutre, des fusils suspendus au portemanteau constituaient le décor du lieu. Le bistrot portait sans équivoque son patronyme. Un espace destiné au commerce du tabac à priser, à fumer ou à chiquer complétait ce décor surchargé.

— Depuis qu'on vous attendait ! clama la patronne à la clientèle.

Elle délaissa les habitués qui râlèrent et éclusèrent leur godet. Rejetant leur casquette sur le haut du crâne, ils s'interpellaient au beau milieu des conversations, achevant leurs phrases par de vagues gestes. La patronne sortit de derrière le comptoir et invita Louis, avec un large sourire, à prendre place au fond de la pièce, près de la porte-fenêtre.

— La meilleure table, affirma-t-elle.

De là, il découvrait le parvis de l'église, le clocher trapu, le double bassin du lavoir, la halle du marché, l'agence postale, la boulangerie, les étals de l'épicière, du cordonnier, du bourrelier, la luxueuse demeure du notaire et sa plaque dorée vissée sur les piliers du porche. Les discussions reprirent de plus belle. Louis devina qu'il en était le sujet principal. On l'observait par-dessous le coude, hochait la tête, levait ostensiblement les épaules, le tout avec des mines étonnées, parfois égrillardes.

— Quel accueil !

La patronne le coupa.

— Ici tout se sait ! Entre le maire et les vieilles, ils remplacent avantageusement la TSF Alors comment trouvez-vous le pays ?

— Je n'ai pas trop eu le temps de flâner. Il est vrai que je vais de surprise en surprise. Je ne m'attendais pas à trouver des locaux dans un tel état. Je n'ai même pas osé m'aventurer dans la salle de classe !

Elle l'interrompit à nouveau :

— Vous vous y ferez, jeune homme ! Je parle et oublie le principal ! Vous devez être affamé ?

Sans qu'il ait un mot à dire, elle se précipita à la cuisine et lui apporta un grand bol de café, des tartines et de la confiture.

— Faite maison ! ajouta-t-elle fièrement.

Colette fit preuve d'une amabilité sincère. Toutefois, sans perdre le sens du commerce, elle proposa à Louis une pension à moindre coût, le temps que les services municipaux se mettent à l'œuvre, nettoient, désinfectent et aménagent décemment le logement du maître.

— Ça ne m'étonne qu'à moitié, Marius Belli ne pense qu'aux élections et à faire le beau devant les dames ! Paul, mon mari, pourra vous en raconter de belles sur ce zigoto ! Ensuite, il est entouré d'incapables et de pochtrons qui ne sont bons qu'à glousser lors des *balletis* et à s'enfiler apéro sur apéro !

Colette Barnouin accusait la trentaine bien pesée et dégageait une grâce coquette. Elle savait par ses manières se montrer avenante et désirable. Les habitués la badaient, jalousaient son mari, vantaient sa chance de coucher tous les soirs cette beauté entre ses draps.

— Il doit être plus monté que le mulet de Léon Barlet ! Autrement, qu'est-ce qu'elle peut lui trouver de plus que nous ! ricanaient-ils sous le manteau entre deux alcools.

Une chevelure ébène aux reflets dégradés, de petites rides à la jonction des sourcils, d'agréables rondeurs, de longs sourcils bordant le dessin de ses paupières en amande accentuaient une physionomie malicieuse et démontraient l'autorité d'une vraie patronne. Elle gérait les affaires. Paul, malgré sa voix de stentor, son attitude de mâle provençal, lui obéissait au doigt et à l'œil.

Les bigotes adeptes des rumeurs à cent sous la décrivaient comme une intrigante, une délurée, une croqueuse de mâles et accordaient à la belle bon nombre d'amants, mariés, veufs ou célibataires, qui fréquentaient l'établissement. Les disputes chez les Barnouin agrémentaient les longues veillées d'hiver où l'on s'ennuyait à mourir. Elles résonnaient tard dans la nuit au fond des ruelles, au grand plaisir des fouineurs avides d'émotions. Les trêves et les réconciliations ne duraient qu'un temps très court, semant une certaine morosité sur la place. Il est vrai qu'au village les distractions étaient particulièrement rares et le café des Chasseurs demeurait l'unique attraction du patelin…

— Pourquoi elle reste avec lui ? rabâchaient les ronchonnes sur la place du marché.

— Le propriétaire du bistrot, c'est lui ! Les campagnes des Condamines, de Saint-Pons, de la Grangasse lui appartiennent ! Que veux-tu, il est né après son père !

— L'argent, y a pas que ça dans la vie !

— Il est bête à manger du foin ! claironnaient-elles sans gêne.

— Toujours débraillé, grossier de surcroît ! persiflaient-elles aussi.

— T'inquiète pour elle, un de ces quatre elle nous l'empoisonne et récupère le magot ! Pas folle la guêpe !

La liste des reproches s'allongeait au fil des saisons et des années. Mais au grand dam des râleuses et des grenouilles de bénitier, l'auberge ne désemplissait pas, bien au contraire.

Marius Belli se confondit en excuses et passa une avoinée mémorable à l'élu chargé des affaires scolaires. Il mit à disposition de Rosenberg le cantonnier et le garde champêtre. Durant la quinzaine qui suivit, Louis occupa donc une chambre au café des Chasseurs. Peu à peu il fit partie du décor et devint la coqueluche de la communauté. Sachant qu'il avait besoin de l'estime et de la confiance de la population pour accomplir sereinement son métier, il ne manquait pas de prévenance et saluait les passants qu'il croisait. On lui répondait poliment par des « monsieur Louis ». Le bon mot aux lèvres, jamais avare de compliments, il s'inclinait devant les dames. Les gamins ôtaient leur béret et n'osaient pas encore affronter son regard.

Les propositions diverses affluaient. C'était à qui lui offrait ses services pour le ménage, les repas, le linge, enfin tout ce dont un garçon célibataire loin de sa famille a besoin. Sa haute stature se remarquait lorsqu'il déambulait dans les rues, l'air soucieux, un carnet à la main. Souvent il s'arrêtait, notait une idée et reprenait son périple. Certaines jeunes filles le lorgnaient avec intérêt, soupiraient d'aise et échafaudaient secrètement des projets. L'instituteur représentait un parti intéressant, car d'une part tous les mois le salaire de l'administration tomberait dans l'escarcelle du ménage et d'autre part, dans l'avenir, il serait certainement muté à la ville, loin de ces campagnes rustiques où la femme n'a pas son mot à dire ! Louis leur souriait poliment et continuait tranquillement son chemin.

L'aménagement des locaux se poursuivait à un bon rythme. Après l'inventaire particulièrement précis de l'école, les entrevues entre Louis et Marius Belli ne manquèrent pas de piquant. Plusieurs fois le maire faillit s'étrangler devant les requêtes de Louis Rosenberg.

— Des fournitures gratuites ? Mais quelles fournitures ?

— C'est une des conditions élémentaires afin que les enfants soient scolarisés.

Il rajusta ses besicles et continua :

— Le chauffage ! Vous exigez du chauffage ? Les jeunes d'ici ont l'habitude du froid, ils mettront un tricot en plus ! Quoique j'aie un Godin à la cave pratiquement neuf... Vous établirez un calendrier et chaque élève apportera à tour de rôle soit une bûche, soit un seau de charbon, soit un fagot de *faïssoun*[1] !

— Ensuite, l'éclairage et le mobilier ? renchérit Louis

1. Brindilles d'allumage ou sarments de vigne.

Belli fit un geste désespéré vers le plafond.

— Mon brave Rosenberg, je n'ai aucun budget ! Je ne ramasse pas l'argent sous les sabots d'un canasson ! Je ne représente qu'un petit village où l'impôt est chiche et les subventions inexistantes ! Castelroche n'intéresse absolument personne ! Nos représentants préfèrent la Riviera, les mondanités, les lieux où l'on se montre sous ses plus beaux atours ! Qui a le courage de patauger dans la boue, de comprendre le monde rural, d'écouter ne serait-ce qu'une fois les paysans et leurs élus ? Pouvez-vous m'en citer un seul ?

— Vous êtes le représentant de l'Etat, et celui-ci se doit à ses charges essentielles dont l'obligation de l'instruction publique, sa gratuité, sa neutralité et sa laïcité !

Louis énonçait avec vigueur les textes concernant la législation de l'enseignement. Son intonation vibrante et sûre perçait la carapace d'un premier magistrat dont les habitudes et le train-train quotidien étaient franchement chamboulés. Rouge de colère, Belli se défendait comme il pouvait. Il s'affalait sur son siège, s'épongeait le front, se débattait contre un entêté qui ne cédait pas d'un pouce.

— Je ne possède même pas le recensement des enfants en âge d'être scolarisés ! Je dois en informer le délégué cantonal, qui interpellera l'inspecteur, et notre affaire pourrait bien remonter jusqu'au préfet.

Votre prédécesseur ne m'a jamais rien demandé de tel ! Il se contentait de ce qu'il avait ! D'ailleurs, chaque année, il présentait un ou deux candidats au certificat d'études primaires ! Je vous le concède : sans grand succès.

— Mais je ne requiers que l'indispensable et cela est strictement de votre compétence !

Les réunions s'achevaient toujours poliment au café des Chasseurs devant une anisette. Louis devina en Marius Belli un homme de cœur et d'honneur qui tenterait l'impossible pour le satisfaire.

10

A la fin de la journée, Louis se plaisait à parcourir les sentiers entourant le village. Rompu par une escapade au pas rapide, il s'isolait à l'ombre, sur un banc en pierre moussue, à proximité de la chapelle Saint-Antoine qui bordait le cimetière. Plusieurs fois, il lui sembla être épié. Les épines de pin ou les branches mortes froissées maladroitement sous des semelles, les souffles courts, une discrétion que l'on veut à tout prix mais que l'on n'obtient pas provoquèrent une sensation amusante dans son dos. Jamais il ne se retourna. Jamais il ne fit un mouvement brusque. Il pensa à une volée de diablotins qui espionnaient leur futur professeur, imaginant à quelle sauce ils seraient dévorés !

Clos et muet, d'une extraordinaire immobilité, le pieux sanctuaire renvoyait le reflet de ses vitraux sur le gravillon. Les tourterelles y pénétraient par une lucarne entrebâillée, tournaient à toute vitesse dans le chœur en roucoulant, ressortaient et se posaient sur un pilier. Parfois, reprenant leur envol, elles effleuraient les cheveux de Louis comme un signe de la providence. Une large clairière descendante, frangée de rideaux d'arbustes aux feuillages volubiles, des bouquets de chênes vivaces découvraient un monde dégradé de couleurs, presque parfait. Des bouffées d'humus, de tanin, d'épice entêtaient l'instituteur. Il dévisageait les nuages qui flottaient selon l'humeur de la brise, les mamelons se drapant de soie mordorée. Une musique intérieure, mélancolique, lui parvenait lorsque le crépuscule confondait la Méditerranée et l'Estérel ; une mélopée aux notes longues, cuivrées, indolentes. Dans un gigantesque opéra, à l'heure haute, l'après-midi cédait enfin la place au soir. Un subtil recueillement le saisissait et l'apaisait. Lorsque les champs de blé coupés et le ciel s'accouplaient, lorsque l'étoile du berger pointait sur les crêtes de l'Audibergue, alors Louis se dégageait de ses méditations et prenait le chemin du retour.

Il marchait lentement, sans bruit, goûtant à chaque enjambée au plaisir absolu de réfléchir sans contrainte.

Louis se désaltéra à la fontaine, buvant au creux de sa paume. Il se rafraîchit la figure, passa ses doigts mouillés dans ses cheveux et rajusta sa veste. Au seuil des maisons, les vieux qui prenaient le frais sur des bancs en fumant la pipe le regardèrent passer. Louis prit son temps avant de pénétrer au café des Chasseurs. Il resta devant la porte, respirant l'air frais, goûtant à la paix du soir couchant. Une agréable volupté l'envoûtait. Il se sentait parfaitement détendu. Soudain, à flanc de montagne, deux silhouettes qu'il reconnut aussitôt éveillèrent sa curiosité. La femme et la petite fille, celles qu'il avait vues le premier matin de son arrivée, dévalaient le chemin muletier et se dirigeaient vers la chapelle. Ces formes pathétiques avançaient dans la semi-obscurité, s'approchaient tout près, à portée de voix ; elles disparurent derrière un bosquet, réapparurent un peu plus loin, devinrent floues, vacillèrent, se diluèrent dans une coulée de pénombre. Il imagina leurs gestes lents, leurs visages épousant la lueur jaunâtre de la lune. D'où viennent-elles ? Qui sont-elles ? se demanda Louis.

Colette l'invitait au dîner familial. Pour l'occasion, elle sortait les couverts, la vaisselle et la nappe blanche réservés aux hôtes de marque, ainsi qu'une bonne bouteille.

— A la bonne franquette ! On mange ce qu'il y a ! annonçait-elle malicieusement. Mais à dix lieues à la ronde vous ne trouverez pas une cuisine égale à la mienne !

L'auberge, vidée des ultimes consommateurs, éclairée par un abat-jour installé au centre de la table, devenait un havre convivial où dans l'intimité résonnait le tintement des fourchettes et des mastications de Paul, le mari. Le reste de la salle baignait dans l'obscurité. Par la vitrine, on devinait les contours de l'église et du monument aux morts, figés comme sur une carte postale. Entouré de son épouse et du fils Marcel, Paul trônait sur sa chaise, face à Louis. Son nez épaté et veiné indiquait un ripailleur hors pair, un inconditionnel de la bonne chère, des vins vénérables et des divins alcools. Il tentait de se rendre intéressant par tous les moyens, multipliait les épopées de chasse, les racontars de bistrot et systématiquement achevait les récits par des histoires salaces qui se voulaient drôles. Colette, agacée par ses débordements, le rabrouait. Alors, pour avoir toujours le dernier mot, il renchérissait en clignant de l'œil à l'adresse du maître d'école :

— Entre hommes on se comprend ! Les femmes elles ont toujours un truc qui ne passe pas !

— Mais tu vas te taire à la fin ! Tu es en présence d'un monsieur de qualité et de ton fils ! Un peu de retenue !

A ce stade de la soirée, Louis désirait que cet énergumène disparaisse, afin de goûter au calme d'une soirée amicale. Marcel ouvrait grand les oreilles, avalait les paroles de l'invité, ne ratait pas un détail des propos. Il ressemblait comme deux gouttes d'eau à son père, autant par le physique que par les attitudes, mais montrait un côté particulièrement naïf et attachant.

— Alors mon garçon, bientôt la rentrée ! Te sens-tu d'attaque pour affronter l'année ? As-tu préparé le cartable, les cahiers, la trousse, le tablier ? As-tu lu un ouvrage cet été ?

Marcel avala sa glotte et rougit. Il pétrit nerveusement sa serviette. Une grimace aigre démontra que l'objet de ses occupations résidait ailleurs.

— Tu verras que l'on peut très bien s'amuser en apprenant. Tu vas retrouver tes camarades ! Peut-être y aura-t-il de nouveaux élèves ?

— Mes copains, mes copains… bougonna-t-il.

Délaissé par Rémy Barlet qui ne fréquentait plus que la ferme Saint-Hubert, Marcel devenait taciturne et en voulait au nouveau venu qui lui avait carrément enlevé son camarade. Le gamin avait maintes et maintes fois tenté de s'immiscer dans leurs jeux, mais Adrien, lui reprochant son attitude à l'église, le déboutait malgré de plates excuses.

Marcel se morfondait et s'ennuyait ferme devant la fontaine. Des après-midi durant, il attendait un signe des deux garçons. Il lui fallait à tout prix trouver quelque chose qui séduise Adrien pour rentrer dans leur bande. Alors peut-être que les causeries entre « monsieur Louis » et sa mère révéleraient des cachotteries d'adultes qui lui vaudraient à nouveau l'estime des comparses.

L'estomac apaisé, parfaitement repu, Paul se tapa sur le bidon, s'essuya la bouche avec un torchon et, par un renvoi sonore qui remonta du plus profond de sa gorge, informa l'assemblée de son entière satisfaction.

— Paul, je t'en prie ! râla Colette.

— Pas de chichis, on est en famille, non !

— Odieux ! Tu es odieux !

— Mon gamin, reprit-il, préfère la chasse à la grammaire ou au calcul. Ce n'est pas toujours très marrant de rester toute la sainte journée enfermé ! Moi à son âge je savais poser les collets, badigeonner la glu, je connaissais toutes les ficelles de la pêche au lamparo, tous les coins à champignons et, le fin du fin, je ramassais la truffe noire à la mouche, monsieur, pas comme ces pingouins qui trimballent un cochon derrière eux !

— Toi, toujours toi ! Tu n'es pas un modèle d'éducation !

— On ne se refait pas, ma poule !

Louis, gêné, faisait semblant de ne point se préoccuper de la dispute qui couvait et picorait distraitement avec le doigt les miettes de pain éparpillées sur la nappe. Colette se retint de hurler, affligée par le sans-gêne de son satané époux qui collectionnait gaffe sur gaffe, ne ratait aucune occasion de démontrer son indélicatesse et un manque évident de poésie. Combien de fois elle avait imploré Dieu de lui changer la cervelle ! Mais le Seigneur trop occupé n'écoutait pas les prières des petites gens, encore moins celles de Colette Barnouin. Furieuse, elle le renvoya à l'étage. Il lança un bonsoir en reboutonnant la ceinture du pantalon.

— Ne tarde pas trop, demain c'est toi qui ouvres ! Moi je vais à la Combe Carlette avec Léon Barlet repérer les affûts pour la battue de samedi matin ! La semaine prochaine, professeur, vous dégusterez la daube de sanglier !

Ils entendirent les marches craquer sous les pas lourds du bistrotier. Une porte claqua.

— Enfin, souffla Colette. Il y a des jours où je le maudis ! Quand il y a du monde, il veut faire son intéressant.

— Marcel, puis-je te confier une mission de confiance ? demanda Louis. Demain, au car de cinq heures, doit arriver une malle d'affaires et de documents. Je te charge de la réceptionner et de la livrer à l'école.

Et il lui glissa une pièce de dix sous.

— Mon grand, il est tard et ton lit t'attend !

Marcel embrassa sa mère et serra la main de Louis avec un bonsoir respectueux et impressionné.

Colette exhalait une candeur surprenante, étonnée qu'un homme si jeune la complimente avec une telle élégance, s'adresse à elle avec politesse et gentillesse. Il est vrai que les bûcherons et autres agriculteurs du coin ne faisaient pas dans la courtoisie. Au fur et à mesure des repas, son statut de patronne s'effritait et elle divaguait vers des rivages où elle se sentait revivre, profitant d'une nonchalance heureuse et momentanée. Louis l'interrogeait sur les us et coutumes du canton et des fermes reculées, retenait le moindre détail et fouillait la subtilité de l'anecdote. Comprendre ce pays devenait la première échéance avant que la maison d'école s'ouvre aux villageois. Il lui était indispensable de se faire une idée sur chaque famille, de savoir qui fréquentait la classe ou pas, quelle était la condition des enfants scolarisés. Colette se prêtait pleinement au jeu, persuadée de sa précieuse utilité. Le café des Chasseurs était l'endroit où tout se disait, où les informations les plus indiscrètes se révélaient.

Parfois, Colette riait comme elle n'avait jamais ri, inclinait la tête sur l'épaule, arrangeait d'un mouvement souple et vif la frange qui tombait sur son front. Tantôt elle prenait une mine sérieuse et réfléchie, tantôt faisait la moue ou bien arborait un air candide creusé par des fossettes et un fin sillon sur le menton. Touchée par une sorte de grâce, elle prolongeait jusqu'à épuisement ces moments privilégiés.

De longs intervalles silencieux meublaient aussi leurs face-à-face : des moments de trêve où les choses les plus simples prenaient leur importance. Ils éprouvaient une gêne et un trouble délicieux qu'ils savouraient pleinement, chacun se retrouvant dans d'agréables pensées. Alors, elle changeait les verres, débouchait un vin blanc frais, pétillant, et disposait entre eux un plateau de noisettes, de noix et d'amandes. Lorsque les ronflements prononcés de Paul résonnaient dans la descente d'escalier, ils s'entretenaient à nouveau comme de vieilles connaissances. Les heures défilaient entre libations et confidences.

Plus aucun bruit n'agitait la place. La nuit étendait son manteau de tranquillité et de plénitude. Louis alluma une cigarette, aspira une goulée et joua avec les ronds de fumée qui s'évaporaient dans la pièce.

— Colette, j'ai quelque chose à vous demander qui pourra vous paraître banal, mais ma curiosité est sans limites !

Colette intriguée fit des yeux ronds.

— Rien de grave j'espère !

— Ne vous moquez pas de moi, c'est sérieux !

Attendrie, elle posa sa main sur celle de son invité.

— Racontez, je vous prie. J'adore les histoires !

— Le lendemain de mon arrivée, de la fenêtre de mon logement, j'ai aperçu une femme et une petite fille descendre de la montagne et disparaître derrière la haie du cimetière... Je n'aurais jamais fait cas de la scène si ce n'est que l'heure très matinale a éveillé mon attention. Et ce soir, avant d'entrer à l'auberge, je les ai aperçues, cette fois de plus près.

— Des romanichelles certainement ! A cette saison ils remontent vers Digne et sont obligés de passer par ici. Parfois, ils postent leurs roulottes sur la route de Castellane et, sous le prétexte de rempailler les chaises ou d'aiguiser les couteaux, ils envoient les mioches visiter les maisons, voler poules et lapins.

Louis écarta cette hypothèse.

— Elles n'avaient l'air ni de chapardeuses ni de gitanes !

Colette sembla soudain contrariée. Son visage changea. Elle se mordit les lèvres tout en tournant nerveusement son alliance.

— Vous possédez une imagination débordante, répondit-elle évasivement.

— Je vous garantis que je les ai vues, de mes propres yeux vues !

— Louis, la soirée a été si merveilleuse. J'adore votre compagnie, mais pour l'instant je ne peux rien vous expliquer !

Elle se leva, débarrassa la table et dit :

— Un jour peut-être vous apprendrez que de douloureuses circonstances ont touché le village... Mais il ne faut surtout pas réveiller les anciennes querelles. Certaines blessures sont si vives qu'elles ne cicatrisent jamais ! Il vaut mieux oublier !

Marcel, caché sous la descente d'escalier, saisissait chaque bribe de conversation. Il retenait son souffle.

Immobile, redoublant d'attention, il s'accrochait aux mots, aux chuchotements. Son cœur battait à cent à l'heure. Quel mystère entourait les conciliabules de sa mère et de monsieur Louis ?

Marcel possédait à présent des éléments non négligeables qu'il entendait monnayer cher ! Adrien Philibert et Rémy Barlet ne seraient plus en mesure de le repousser. Il endosserait dignement l'armure des chevaliers de Saint-Hubert. On verra qui est le plus fort ! jubila le gamin.

Cette nuit-là, Louis ne dormit pas. Il approcha un fauteuil de cuir fané près de la fenêtre et resta les bras croisés, fixant les cyprès du cimetière. Des fresques d'ombres se dispersaient sur les tombes. La cime des pins s'ourlait de mauve.

11

La foire agricole et patronale des bannettes clôturait la saison d'été. Elle représentait avec la fête des ânes du mois de juin la plus importante manifestation du haut pays. Une armée de tombereaux et de charrettes, brancards en l'air, s'entassaient dans le pré à l'entrée de Castelroche. Une cacophonie de hennissements, de piétinements de sabots s'élevait dans ce monde habituellement si paisible. Oléiculteurs, agriculteurs, bergers, parés de leurs plus beaux habits, se retrouvaient avec femmes et mioches pour cette journée exceptionnelle. Dans les parcs, brebis, béliers reproducteurs, chevaux de trait côtoyaient les étals de volaille et autres produits du terroir. Outils, machines, artisanat prolongeaient cette exposition hétéroclite. Quincailliers et marchands en gros montaient de Grasse et même de Nice. Chacun prévoyait, achetait le strict nécessaire, afin de passer un hiver long, fastidieux et préparer l'arrivée du printemps. Le village endossait l'allure d'une bourgade grouillante et active.

Autour des bancs bien alignés, régnait une chaleureuse effervescence. On se bousculait, on hélait le chaland, on vantait ses produits, on vendait, on troquait, on prêtait avec ou sans intérêts, on échangeait, on topait... toujours dans la discrétion, l'honnêteté, la courtoisie. Celui qui ne satisfaisait pas à ces rites ou tentait de berner son semblable était radié de la communauté. La supercherie était toujours dénoncée en public. Le finaud ainsi ridiculisé et compromis était rejeté par cette société. Il valait mieux pour sa personne qu'il évite de croiser la route de ces rudes gaillards car ici rien ne s'oubliait ! Les fosses à purin étaient si profondes, les falaises si hautes et l'Audibergue impénétrable... Le pardon n'existait pas. Les rancunes étaient particulièrement tenaces. L'on racontait parfois au hasard d'une rencontre qu'un tel avait quitté le pays, qu'un second avait subitement disparu du jour au lendemain en abandonnant famille et troupeaux... Tous savaient et approuvaient. La justice des montagnards envers ces malotrus sans scrupule ne pouvait être qu'équitable et douée de bon sens.

Le café des Chasseurs ne désemplissait pas. Accoudés au comptoir enfumé, éleveurs et maquignons traitaient des affaires à demi-mot, commentaient le cours de l'huile, du bois, du bétail, critiquaient vivement l'achat ou la vente des campagnes. C'était aussi l'occasion de revoir les voisins, les amis ou les cousins que les saisons avaient éloignés et rompre la monotonie quotidienne. Plus loin, les baraques foraines entouraient l'école. Marchands de guimauve, d'oursons en pain d'épice, stands de tir à la carabine, tombolas, jeux de massacre, pêche miraculeuse, saltimbanques, orgue de Barbarie aux notes grinçantes accompagnaient un manège de chevaux de bois. Lorsque la nuit devenait dense, le garde champêtre tendait une bâche entre deux arbres et le projectionniste ambulant lançait une séance de cinématographe.

De longs tréteaux parés de draps, décorés des trois drapeaux français, niçois, provençal, entouraient la fontaine. La messe achevée, le maire invitait à cette occasion ses électeurs à un formidable banquet. Charcuteries, perdrix farcies, poulardes aux cèpes précédaient, délice des délices, un immense aïoli tourné par Colette. Une procession de bouteilles défilait au centre de la table. Le vin de framboise coulait à flots. Les yeux pétillants de gourmandise, les narines frémissantes, les convives, serviette autour du cou, entamaient les agapes. Le plaisir dominait. Les mandibules s'activaient. La gloutonnerie remplissait de solides estomacs. Apartés, échanges, peu à peu le brouhaha s'installait. C'était à qui causait le plus fort et dominait l'assemblée. Fripons et séducteurs aux regards malicieux et insistants lorgnaient quelques belles éméchées à l'humeur frivole. Les plus hardis roucoulaient en cachette et frôlaient intentionnellement les cuisses de leurs voisines. Une compétition de chansons à boire en patois, les plaisanteries grivoises, les rires et les déborde ments en tout genre, les grandes tapes dans le dos, les rots aillés aux haleines de morue trempée animaient cette journée cocasse. Puis venait l'heure où l'alcool et le soleil ensuquaient les ripailleurs. Alors, péniblement, ils se levaient, titubaient, se posaient à l'ombre d'un arbre pour une longue sieste.

Ignace Crucus, entouré d'une garde rapprochée de matrones vertueuses, ne participait jamais à ces bacchanales ridicules et affligeantes qu'il considérait comme un blasphème.

— Regardez-moi ces misérables ! Ils entraînent leur progéniture dans le péché ! Pour les apéritifs et la ripaille, ils sont tous là ! Mais pour se confesser, se repentir de leurs fautes, vénérer le Seigneur, il n'y a plus personne ! Ces brebis égarées se vautrent dans la luxure tels des païens ! Mon Dieu, pardonnez-leur !

Il se signait, se cloîtrait dans l'église, priait, tendait les mains jointes vers la croix, se tapait le cœur avec les poings et s'octroyait en pénitence un jour de jeûne afin de sauver ces âmes noires !

Au beau milieu du banquet, Marius Belli grimpa sur l'estrade réservée à l'orchestre, salua les participants, sourit aux dames en ôtant son chapeau. Le roulement de tambour du garde champêtre ordonna le silence. Dès les premiers mots, cris et rigolades cessèrent. Depuis bientôt vingt années qu'il exerçait les hautes fonctions municipales, car nul n'enviait sa place, Marius Belli semblait respecté par la majorité de ses concitoyens. L'écharpe tricolore bien en vue, une attitude solennelle, le menton haut, les bras tendus vers les banqueteurs, il se fendit d'un discours de bienvenue, mûrement étudié afin de rassurer ses inconditionnels, de ramener au bercail les grognons de tout poil et les persuader de suivre sa bannière. Il discourait avec les accents du cru, mêlant le provençal, le niçois, l'italien et le français : des paraboles que ses administrés comprenaient parfaitement car il était un des leurs. Il s'adressait à chacun des Castelrochois, énumérait tous les problèmes et trouvait les solutions adaptées.

— Rome ne s'est pas construite en un jour ! déclara-t-il d'une voix vibrante. Et l'Audibergue nous protège. Cette montagne est notre symbole, notre fer de lance ! Elle représente notre force, notre volonté de vivre et d'exister au pays !

Séduit, le public applaudit. Néanmoins, le maire évita de décrire la situation politique grave, le malaise d'un pays qui végétait dans une torpeur maladive, la France qui se déchirait en deux. A la fin de sa pathétique harangue, il entonna l'hymne provençal, un vibrant *Coupo Sante* repris en chœur par les banqueteurs.

— Mes chers compatriotes, cette année est bénie car deux bonnes nouvelles agrémentent la vie de notre merveilleuse cité. La première, nous la devons à la famille Philibert, qui par l'adoption d'Adrien, que vous connaissez tous à présent, amène un enfant de plus au pays, un espoir pour l'avenir et la pérennité de nos campagnes. La seconde…

Il marqua un temps de suspension et sollicita à nouveau le silence

— Mes amis, mes chers amis, enfin il est là !

Il engagea Louis Rosenberg à le rejoindre et le présenta officiellement avec les honneurs qui lui revenaient.

— Celui que nous n'attendions plus est arrivé ! Je vous présente monsieur Louis, notre nouveau maître d'école, à qui je souhaite tout le bonheur, la réussite et bien d'autres choses…

Louis fronça les sourcils et se retourna vers le maire.

— Rosenberg ! souffla-t-il. Rosenberg !

— Je vous expliquerai, répliqua entre ses dents Marius Belli.

— M'expliquer quoi ?

— Faites-moi confiance ! ajouta Belli sans se départir de son sourire.

Louis n'insista pas. Le maire loua la volonté, les convictions, le charisme du fonctionnaire et lui donna une franche accolade. Les applaudissements jaillirent. Il entraîna ensuite Louis à la table d'honneur où déjeunaient les officiels, ainsi que le pharmacien, le docteur de Saint-Vallier, le conseiller général, et enfin le sous-préfet. L'épouse de Belli le complimenta sur sa jeunesse et sa force de persuasion. D'autres femmes l'imitèrent et vinrent lui serrer la main, lui témoignant ainsi leur plus grand respect.

— A la bonne heure, le village vous a déjà accepté. Vous verrez, les gens d'ici sont tellement attachants. Allez jeune homme, profitez de la vie et de cette belle journée ! Oubliez l'instant de la fête vos soucis.

— Vous me devez des explications…

— Certes oui. Ils découvriront bien vite que vous êtes un Rosenberg.

— Je suis très fier de mon nom et le porte haut, monsieur ! lâcha Louis rageusement.

— Calmez-vous, je vous en prie ! Je me dois à une prudence extrême, vous le savez aussi bien que moi ! Que voulez-vous, avant les blancs et les rouges s'étripaient à chaque élection, mais s'estimaient, maintenant les noirs se mettent sur le pied de guerre et méprisent ceux qui ne sont pas de leur bord… Je me méfie comme de la peste de certains personnages tels que Léon Barlet ou Fernand Daumas le forgeron, acquis aux idées nationalistes. Ces deux-là vendraient père et mère pour un lopin de terre ! Ils sont insaisissables, sournois, apprécient le *Duce* et sont intimement persuadés que l'avenir est en train d'éclore de l'autre côté du Rhin ! Heureusement qu'entre eux le brave Julien Philibert et son épouse font la part des choses et modèrent leur tempérament.

— Philibert, ceux qui ont adopté le gamin ?

— Un élève de plus pour vous, mon cher Rosenberg ! Les fermiers de Saint-Hubert, des gens comme on n'en fait plus !

Dans son coin, en bout de table, Léon Barlet éclusait chopine sur chopine. Une barbe de plusieurs jours marquait de profondes rides. Julien Philibert saisit la contrariété de son voisin et s'inquiéta de l'énervement soudain.

— Léon, quelle mouche t'a donc piqué ?

Léon se coinça entre les dents une cigarette de papier maïs, renifla et avec une grimace méprisante déclara :

— Avec leurs beaux discours, ils m'escagassent !

— Chaque année c'est le même refrain, tu le sais ! Allez, t'en fais pas, demain tu verras le temps qu'il fait !

— T'as raison, Julien, mais demain je serai obligé de mettre le gamin à l'école ! Deux bras en moins ça se paye très cher ! Qui remplacera Rémy ? Qui s'occupera de la traite, du potager, de la basse-cour ? Qui descendra au village pour les courses ? Tu peux me le dire ? Moi tout ce que je possède, je l'ai gagné à la sueur de mon front ! Si ces comiques croient que pour pousser la charrue il faut être savant, ils se foutent le doigt dans l'œil jusqu'au trognon !

— Léon, répliqua Amélie, est-ce qu'un jour on t'a refusé un coup de main ? Même quand Julien était débordé, pour toi il a toujours été présent !

— Je ne vous ai jamais dit le contraire ! ronchonna Barlet.

Il repoussa d'un geste vif sa chaise, maugréa un vague « salut » et, les mains enfoncées au fond des poches de la veste, disparut dans le dédale des ruelles. Julien Philibert, dans ces moments-là, connaissait la violence des reparties de Léon qui dégénéraient en biles noires. Il ne fit rien pour le retenir.

Louis, légèrement enivré par le fruité du vin de treille, étourdi par le vacarme de la foule bigarrée et euphorique, se détacha discrètement de la table d'honneur. Nul ne s'aperçut de sa disparition. Il chemina le long des traces de roues creusées par le nombre incroyable des véhicules, passa la dernière grange camouflée par un figuier et un acacia torturé, longea les murets des jardinets et prit machinalement la direction de la chapelle Saint-Antoine. Il avait besoin de tranquillité, d'une solitude régénératrice. Il retrouva le banc, son banc, et la fraîcheur des arbres qui courbaient leur cime sur ce havre de paix. Il ferma les paupières. Sa tête tournait, tournait, bourdonnait, dansait la chamade. Une étrange fatigue, molle et déconcertante, lui ôta tout réflexe. Il tenta vainement de résister mais, malgré lui, céda à une somnolence forcée. L'air tiède caressa ses joues. Le soleil glissait sur l'Estérel.

— Monsieur ?

Il n'émergea pas de cet abrutissement tenace. Il coulait, s'enfonçait, dérivait dans un flot d'images, de cauchemars, dans une précaire absence.

— Monsieur ?

Devant lui une classe de tignasses rousses, blondes, brunes le scrutait avec des regards pervers. Ses ordres, ses conseils s'envolaient au plafond et retombaient sur lui comme autant d'outrages. Un chahut terrible débutait, attisé par le forgeron. « Rosenberg le juif ! Rosenberg le youpin ! Rosenberg le schoumtz ! » hurlaient-ils. Ils portaient des masques de diable, un uniforme vert-de-gris et des bottes. Boulettes de papier, bancs grinçant sur le parquet, grimaces dans son dos, ricanements stupides, cahiers déchirés, livres laminés, brûlés... De petites flammes bleutées fusaient du poêle rougi et léchaient les cartes accrochées aux murs. Débordé, martyrisé, insulté par d'affreux cancres, Louis criait par la fenêtre au secours, appelait le maire, le conseiller de circonscription, se faisait brutalement sermonner par l'inspecteur qui l'obligeait à rendre son tablier et quitter immédiatement le village sous les huées. La brutalité !

Les reproches ! Son père Jacob qui le traitait de bon à rien, de jeune prétentieux. Sa mère qui pleurait…

— Monsieur ?

— Il est rond comme une queue de pelle, perçut-il dans une demi-absence.

— Vous êtes mal ?

Lentement, Louis tenta de reprendre sa lucidité et retrouver une posture décente. Deux garçonnets, les yeux moqueurs, accompagnés par un horrible cabot le regardaient bizarrement.

— Vous voulez de l'aide ? demanda le premier.

Louis sourit.

— Ce n'est rien, les enfants, juste un peu de fatigue !

— Faut pas s'en faire, c'est la fête, ajouta le second… Moi je m'appelle Rémy Barlet, lui Adrien Philibert, le chien la Truffe…

Après une légère hésitation il acheva les présentations :

— Et plus bas dans les broussailles, le gros Marcel Barnouin, mais lui vous le connaissez déjà !

— Décidément, je ne peux pas vous cacher grand-chose !

Une lueur soudaine traversa l'esprit encore embrumé de l'instituteur. Il saisit l'opportunité. Rémy, Adrien, Marcel et la Truffe l'accompagnèrent jusqu'à son domicile. C'est ainsi que pour la première fois de leur existence, les gamins pénétrèrent dans la maison d'école, sans aucune appréhension, fiers d'être la garde rapprochée de l'instituteur.

12

Louis divisa la classe en quatre quartiers, délimités par des allées parfaitement symétriques. Le premier serait réservé à la section enfantine et aux préparatoires. Les moyens occuperaient le deuxième, les élémentaires le troisième, les « fin d'étude » qui préparent le certificat et l'examen des bourses afin d'entrer pensionnaires au collège occuperaient l'ultime carré. Louis Rosenberg sauta sur l'estrade et, la main sous le menton, les sourcils froncés, étudia scrupuleusement le théâtre de ses futurs exploits. Il sembla satisfait de cet agencement sûr et efficace. Comble du luxe, le maire avait obtenu un crédit afin d'installer dans une alcôve concomitante un double lavabo en zinc à deux robinets. Ainsi, les écoliers pourraient boire, se laver, préparer les bouteilles d'encre violette et rouge avec les sachets de poudre, sous la vigilance de leur responsable.

Adrien, Rémy et Marcel scrutaient admiratifs les gestes de ce passeur de vie qui possédait les clefs de la connaissance. Depuis leur rencontre à la chapelle Saint-Antoine, ils ne quittaient plus Louis, formant ainsi le noyau dur de l'école. Sous la coupe de leur mentor, ils s'activaient à nettoyer le mobilier, balayer, brosser le parquet à l'eau de Javel, astiquer les meubles à la cire d'abeille, laver les vitres, vérifier le maigre matériel pédagogique.

— Nous ne sommes pas riches, les enfants, mais on fera avec ! s'exclamait parfois l'instituteur.

Chacun fut ensuite assigné à des tâches délicates. Marcel devait s'occuper de l'organisation générale, du rangement des fournitures, de la liste des ultimes urgences. Adrien fut affecté au classement de la bibliothèque. Il contrôlait les livres, séparait méthodiquement les ouvrages « du maître » des romans de distraction, des œuvres annexes ou des brochures illustrées qu'il recouvrait de papier kraft, les référençait et les étiquetait. Il écartait les feuilletons à bon marché, tirés des journaux qui selon Louis « détraquent l'imagination sans nourrir l'esprit[1] ». Adrien s'attaqua aussi à l'armoire à fournitures, rangea par ordre de grandeur et de couleur les protège-cahiers, les buvards ou « papier brouillard », les images. Sur les étagères supérieures, il ordonna les animaux empaillés, les ustensiles du système métrique, depuis le décilitre jusqu'à la chaîne d'arpenteur. Quant à Rémy, il fouillait la cave afin de dénicher quelque trésor utile. De temps à autre, il poussait un braillement et, les cheveux garnis d'épaisses toiles d'araignée, remontait une trouvaille décorée d'une épaisse poussière.

— Ça m'sieur ! Ça peut servir ?

Louis examinait alors attentivement la découverte sous toutes les coutures et prononçait son verdict. Soit il demandait de l'entreposer délicatement dans le couloir, soit de la jeter directement et sans regret à la poubelle.

1. *Le Livre des instituteurs, ibid.*

Saisis d'une exaltation permanente, que d'épisodes heureux ils passèrent à la maison d'école, chassant l'ennui et se sentant du coup utiles, indispensables à la collectivité. A la fin de l'après-midi, Louis s'absentait discrètement et revenait les bras chargés de madeleines au beurre ou de cakes aux fruits confits. Ils couvraient le bureau d'un torchon et, tout en goûtant, discutaient de la rentrée plus qu'imminente.

— Si on décorait la classe de fleurs ? réfléchit Adrien.

— Moi je préfère des gravures sur l'Afrique ou l'Amérique et les Indiens, renchérit Rémy.

— Nous pourrions construire un grand panneau où l'on épinglerait les insectes et les papillons que nous gaulerons dans la campagne !

Les idées fusaient au grand bonheur de Louis qui voyait en ces futurs élèves un moteur à toute épreuve.

— Et toi Marcel, qu'en penses-tu ?

Le fils Barnouin, ébahi que le maître s'adressât à lui, bégaya :

— Peut-être un coin d'où l'on pourrait voir la campagne, la rivière et l'Audibergue !

Devant l'air étonné de l'assemblée, il murmura :

— J'ai dit une bêtise, m'sieur ?

— Sûrement pas ! Tu as grandement raison ! L'observation du réel ! Apprendre à découvrir ! Ensuite la leçon de choses et le prolongement naturel du thème abordé par des exercices de vocabulaire, de grammaire ou de conjugaison ! s'enthousiasma Rosenberg.

Que les trois sacripants fréquentent assidûment l'école et ce avant la rentrée déconcerta les familles Barlet et Philibert. Léon hurlait d'impuissance lorsque, à l'aube, il voyait son fils abandonner la ferme, ses cochons préférés et déguerpir par des sentes détournées vers Castelroche. Amélie et Julien tombaient des nues... La sœur Clarisse et la directrice de l'orphelinat avaient affirmé qu'Adrien n'était point fait pour les études et qu'il ne se débarrasserait pas de sitôt de sa flemmardise. Au café des Chasseurs, c'était tout le contraire. De ce comportement découlait une évidence : le fils Barnouin était doué pour les études ! Colette, maquillée et parée de ses plus belles robes, roucoulait à qui désirait l'entendre :

— Celui-là, je vais en faire un ingénieur !

— Tu parles, s'esclaffaient les buveurs, un ingénieur ! Y manquerait plus que ça !

— Mais là messieurs, nous avons affaire à un maître d'école, un vrai, un qui a fait des études, pas comme vous, bougres d'*estransinés !*

Et elle coupait court ainsi aux bavardages, laissant les barbares le nez dans leur verre ballon. Quant à Paul, trop affairé à préparer les battues, il ignorait carrément les humeurs rêveuses de sa dulcinée.

Il ne fut jamais question de bande ou d'initiation. Marcel se démenait et démontrait qu'il possédait de grandes ressources. Ces activités extrascolaires soudèrent les trois garçons à tel point que chaque matin, tout naturellement, Adrien et Rémy sifflaient Marcel et l'attendaient devant l'auberge.

— Tu es digne d'entrer dans l'ordre des chevaliers de Saint-Hubert ! annonça gravement Adrien.

Barnouin crut au miracle. La joie qui l'empreignit fut immense. Ses traits s'éclairèrent d'un coup. Il laissa éclater une satisfaction insensée et exécuta une danse sioux.

— Mais pourquoi veux-tu surveiller la montagne ?

Marcel entraîna ses copains à la fenêtre du fond, entre le poêle et la grosse armoire vitrée :

— Regardez bien ! L'Audibergue, le Grand Combeau, Cabrière, la draille, les ruines de Savéous et le cimetière.

— Et après ? s'étonna Adrien.

— Après... Il suffit de guetter ou à l'aube ou bien à la nuit tombante...

— Guetter quoi ? Qui ? s'énerva Philibert.

— Je ne peux t'en dire plus. Mais je te promets un cadeau plus énorme que la truie de Barlet !

Adrien décida que désormais leur quartier général serait non plus à Cabrière, mais ici, au fond de la classe, près de l'armoire à fournitures. Marcel se frottait les mains. Il n'avait rien dévoilé et se promit de faire saliver ses copains encore un bon bout de temps.

De nombreux visiteurs vinrent saluer les prouesses de Louis. Les félicitations n'en finissaient plus. Le phénomène s'étendit jusqu'aux oreilles du délégué cantonal qui lui envoya une lettre d'encouragement, mais le mit néanmoins en garde sur ces activités. « *Ne vous laissez pas, mon cher ami, emporter par des propos hors du contexte pédagogique. Un instituteur même en congé reste un instituteur et certaines relations bien que légitimes peuvent nuire à son autorité, donc à la discipline, et rendre son labeur encore plus difficile...* »

— La classe, ce sont eux qui l'ont aménagée ! affirmait fièrement Louis.

— Etes-vous magicien ? questionnaient les uns.

— Qu'est-ce que vous avez bien pu leur dire, faire ou promettre ? s'étonnaient les élus méfiants pour leur budget.

— Absolument rien ! La confiance, messieurs, uniquement la confiance !

Les invitations à déjeuner ou à dîner se multiplièrent. Le maître, avec le tact qui lui seyait tant, trouvait toujours les excuses adéquates et refusait l'offre, préférant partager le casse-croûte avec ses petits copains. Une telle expérience, résultat du hasard, fit des émules. Des parents intrigués poussèrent leurs rejetons à fréquenter les environs proches de la maison d'école. Mais les chevaliers, l'œil noir et sévère, guettaient les assauts. Les gêneurs franchissaient rarement le seuil du bâtiment. Ils n'étaient autorisés qu'à ratisser, désherber la cour de récréation, nettoyer les toilettes. Marcel, badine à la main, tel un adjudant matant une portée de bleus, s'écriait :

— Que je n'y revienne pas dessus, sinon !

Le plus étonnant est qu'aucun ne rechignait ni ne se plaignait.

Louis, surpris par une présence étrangère qui depuis quelques secondes l'observait, fit une brusque volte-face. Se découpant dans le chambranle de la porte, il reconnut aussitôt la silhouette noire du curé. Il ne l'avait pas entendu entrer. L'huis n'avait pas grincé.

— Avez-vous l'habitude de surprendre les gens ainsi ? Drôle de façon de donner le bonjour !

Un long silence plana comme un coup de tonnerre.

— Alors, le maître c'est vous !

Sa voix austère et glaciale se détacha et résonna dans la salle. Ignace Crucus n'avança pas d'un pouce. Il attendait que le jeune homme vienne à lui et par ce geste reconnaisse l'autorité et la suprématie de l'homme d'Eglise. Mais il n'en fut rien. Louis, en équilibre sur un escabeau, continua le lessivage des moulures du plafond.

— Alors, vous êtes le fameux curé ! lui renvoya-t-il sur un ton identique.

Adrien, Rémy et Marcel se réfugièrent dans un coin. S'ils avaient pu se transformer en moucherons, disparaître tels des grains de poussière dans les reflets du soleil ! Que venait donc chercher ici cet oiseau de malheur ? Pourquoi empiétait-il sur leur territoire ? Le prêtre ne s'attarda pas sur eux. Le col blanc élimé enserrant le cou décharné de Crucus, la soutane trop courte à l'ourlet pendouillant dévoilant des pieds nus dans des chaussures de cuir mou et avachi démontraient que cet être pathétique vivait aussi chichement que peut subsister un curé de campagne. Remâcher les Evangiles au sein d'une église désertée, déblatérer les psaumes aux piliers froids, prêcher à des fidèles qui ne possédaient la foi que par tradition ou habitude n'engraissaient pas son homme. Malgré tout le fardeau qu'il semblait porter sur ses frêles épaules, le curé ne parut pas antipathique au maître d'école. Se donnait-il un air dur et intransigeant pour cacher sa souffrance et son isolement ? Louis eut comme une sorte de compassion.

— Entrez, mon père, entrez donc ! Venez apprécier notre modeste paradis.

Il resta sidéré, planté sur le seuil.

— Mes paroissiens n'ont donc pas exagéré ! Ils n'ont que votre nom à la bouche !

Louis vanta fièrement la lumière qui inondait la pièce, l'espacement entre les bancs, la décoration de verdure ainsi que la présence du fameux poêle, bas sur pattes, prêté par Marius Belli. Néanmoins, il se désola du peu d'archives léguées par son prédécesseur.

— Mater de tels garnements relève du miracle ! continua le prêtre sur un ton identique.

— N'exagérez pas ! Un peu d'humour, de patience, de volonté, de responsabilités et le tour est joué ! Une recette prometteuse que l'école de la République encourage. J'essaierai tant soit peu que mes élèves deviennent des femmes et des hommes libres et citoyens !

Ignace Crucus, sceptique, oublia sa réserve, fit la moue et, d'un œil sévère, s'adressa aux enfants planqués au fin fond de la classe.

— Je constate qu'Adrien Philibert a déteint sur vous ! Je me sens bien seul en ce moment dans la maison du Seigneur. Il serait temps que vous vous ressaisissiez et que vous repreniez le droit chemin, messieurs Barlet et Barnouin, sinon Dieu pourra en tenir compte et vous expédier en enfer ! N'oubliez jamais que le catéchisme est aussi important que toute autre leçon ! Si, aujourd'hui, vous fréquentez cette école, c'est que le Tout-Puissant l'a voulu et vous a choisis !

Louis sauta de l'escabeau et se planta devant le *capélan.*

— Vous êtes ici dans un lieu laïque et neutre qui garantit à tous la liberté de conscience !

— Ne vous fâchez pas, jeune homme, je connais ces gamins et leur famille mieux que quiconque. Je les ai vus naître, grandir, je sais leurs qualités, leurs défauts aussi...

— Ce n'est pas une raison ! Je suis la seule autorité compétente ici et nul n'a le droit de contester les fondements essentiels de l'instruction publique ! L'école est ouverte à tous sans distinction ni préférence aucune ! Je n'exclus personne, qu'il soit protestant, catholique, chrétien ou libre penseur, car mon premier devoir est l'impartialité, mon second la cordialité ! Vous vous réclamez de Dieu, moi de Jules Ferry ! Tant que ces enfants résideront dans la maison d'école, ils seront sous mon unique protection !

Le discours froid et précis de Rosenberg déstabilisa le curé. Adrien, Marcel et Rémy jubilaient. Leur instituteur était un crack qui repoussait l'ennemi, un chef qui ne faiblissait pas, un matador qui les mènerait à la victoire ! Ils ne pouvaient que le respecter et l'admirer.

— Juif et communiste peut-être ? souffla Crucus avec un instinct d'intense provocation.

Le sourire hautain de l'homme d'Eglise prouva qu'il essayait à tout prix de prendre la mesure de ce fonctionnaire à peine sorti de l'adolescence et de le provoquer. Malgré la fureur qui brûlait en Louis, les poings fermés et l'envie d'en découdre, il se contrôla et reprit une extraordinaire assurance, montrant ainsi aux enfants l'exemple de la sagesse et de la retenue. Le mépris et la dissuasion valaient mieux que la colère. Il ne lâcha pas le prêtre et avança millimètre par millimètre. Les yeux flamboyant d'orgueil foudroyèrent le prélat qui battit en retraite.

— Calmez-vous, jeune homme ! Mes réflexions ont dépassé mes pensées…

— Répétez ce que vous venez de dire ! Prouvez à Rémy, à Marcel ou bien à Adrien que vous êtes un homme courageux, un être censé prêcher l'amour de son prochain, le respect, la bonté et la tolérance !

Ignace Crucus sortit en reculant. Avant de refermer la porte, il s'adressa à nouveau à lui :

— Je ne vous verrai donc pas à la messe, monsieur Rosenberg !

13

L'Audibergue roussissait. Les aplombs de Cabrière suintaient d'eau de pluie. Le Grand Combeau se couvrait de nuages bas. La nuit tombait avec une rapidité déconcertante. Une odeur de terre humide, de roc mouillé, de feuilles et d'herbes brûlées remontait des vallons. Des grappes d'étourneaux voletaient du marronnier de la cour aux champs labourés. Les troupeaux, de retour de transhumance, paissaient dans les champs communaux. Les bergers retrouvaient leur foyer, aéraient, désinfectaient les étables et préparaient la naissance des agneaux. L'automne étendait ses voiles ocre sur Castelroche qui s'endormait dès l'angélus sonné.

Adrien ferma les yeux. Son cœur battait à se rompre. Le jour solennel de la rentrée se profilait à grands pas. Il allait enfin partager des instants magiques, avec des filles et des garçons à qui il ressemblait vraiment. « Adrien Philibert… Adrien Philibert… » se répétait-il, prononçant avec délectation son nom. Quand le maître l'interrogerait, il annoncerait haut et fort : « Adrien Philibert, fils d'Amélie et de Julien, agriculteurs à Saint-Hubert ! » Tout semblait formidable, plein de sensations inépuisables. De son côté, Amélie avait préparé avec minutie l'échéance, puisant dans les catalogues de *La Belle Jardinière*, du

Chasseur français, ou de la *Manufacture d'armes et cycles de Saint-Etienne*, le nécessaire indispensable au parfait étudiant. Régulièrement, Gustave, le facteur, déposait son vélocipède au hameau des Amphons, attaquait à pied le raidillon du bois de Thiey et livrait les colis à la ferme. Gustave, une légende du pays, la gazette locale, le lien entre les isolés et le village, colportait les dernières nouvelles. Son uniforme bleu, sa casquette plate, pourvue d'une cocarde tricolore, lui donnait un air martial. Il épluchait la correspondance de ceux qui ne savaient pas lire, remplissait les mandats, montait les commissions et les médicaments aux personnes impotentes. Après un bon coup de blanc, une cigarette, ce messager repartait ragaillardi vers une nouvelle mission.

— J'espère que demain, je ne me taperai pas encore ce chemin ! J'suis jamais autant monté ici ! Amélie, tu n'as donc pas pitié de mes vieilles gambettes !

— Arrête de pleurnicher ! répliqua Amélie. Tu es si solide que tu nous enterreras tous !

Adrien effleura son cartable de cuir marron, ouvrit la trousse, admira, parfaitement alignés, le compas, la plume d'acier Sergent-Major qui luisait au bout de son cône rouge, le double décimètre en bois blanc, la gomme dans son étui cartonné, le taille-crayons en laiton, compta et recompta les douze crayons si bien taillés qu'il en devinait à peine la pointe. Il lissa le tablier noir au liseré mauve, boutonné jusqu'au col, étendu sur l'édredon, et s'allongea. Des étoiles dansaient dans sa tête. Il se confia longuement à Noirot. Le chat, qui daigna ouvrir un œil, s'étira langoureusement, fit le dos rond et se lécha les coussinets.

Adrien se réveilla en pleine forme et s'habilla sans se débarbouiller. Amélie lui prépara un grand bol de café noir avec deux jaunes d'œufs battus dedans, une potion essentielle pour tenir la matinée. Le cartable serré contre lui, tel un inestimable trésor, une musette remplie d'une demi-michette, d'un fromage et d'une barre de chocolat, un mouchoir repassé dans la poche du tablier, il sauta sur la banquette de la carriole, à côté de Julien.

— A ce soir, soupira Amélie, une larme au coin des paupières.

Les gamins intimidés, l'air renfrogné, le menton sur la poitrine, le nœud serrant l'estomac, arrivaient un par un, engoncés dans leurs habits retaillés dans ceux du grand-frère ou du père, rares étaient ceux chaussés de souliers neufs. Certains traînaient une sacoche plus grosse qu'eux. Ils s'arrachaient à la protection familiale pour entreprendre le chemin qui les conduirait à leur destin d'adulte. Louis Rosenberg, en blouse grise, faisait les cent pas devant l'école. Il souriait à chaque « bonjour monsieur », cochait le nom sur le registre d'appel puis demandait de patienter. Certains se retournèrent plusieurs fois comme pour conjurer le sort. De l'autre côté de la rue, des mamans émues observaient le déroulement de la scène et lançaient à leurs rejetons des signes d'encouragement.

— Par deux, dit-il. Les petits, donnez-vous la main.

Le cortège s'ébranla. Les élèves n'entraient pas à l'école, ils embarquaient pour un voyage qui durerait quelques mois ou plusieurs années. A présent il leur fallait apprendre à vivre avec les autres. Les « ho ! » de surprise fusèrent lorsqu'ils pénétrèrent dans la classe. Les planches géantes de botanique, les cartes physiques des régions naturelles de la France, en couleur et en relief[1],

1. Cartes murales, Paul Kaeppelin, librairie Hatier.

les panneaux de science anatomique, les sous-verre des fables de La Fontaine, du moulin de Daudet, les gravures de *Vingt Mille Lieues sous les mers,* à droite du portemanteau réservé au maître, suspendus à un clou, les impressionnants instruments de géométrie jaunes : compas, double règle graduée, rapporteur, équerre, l'ordonnancement habile insufflèrent d'emblée un univers propice à l'étude. Louis plaça chacun à son banc et s'installa au bureau. Sa position surélevée, l'énorme dictionnaire flanqué dans l'angle, la montre de gousset métallisée étalée sur le rebord du sous-main, le tampon buvard, les piles de livres neufs et de cahiers cartonnés qui cachaient le bas de son visage le rendirent encore plus énigmatique, plus magistral, plus impressionnant.

— Je m'appelle Louis Rosenberg, dit-il d'une voix sonore, agréable, presque chantante. Je suis le nouveau maître d'école. Je souhaite à tous une excellente année scolaire. Je ne suis pas là pour vous réprimander ou vous punir mais uniquement pour vous aider dans vos études. J'exige une attention soutenue ainsi qu'une discipline parfaite et je saurai récompenser vos efforts.

Ses paroles créèrent aussitôt une sorte de cocon qui tranquillisa le groupe, surtout les tout petits dont les pupilles rougies retenaient à peine des larmes. Il posa sur eux un regard à la fois franc et sévère, cherchant en chacun les émotions, les réticences ou les craintes. Au premier rang, dans la section des grands, les trois lascars n'en menaient quand même pas large. Leur ami d'hier s'était mué en instituteur.

— Il a vraiment l'allure d'un chef ! murmura Adrien à ses copains.

Louis déplia sa haute stature. Le parquet craqua. Il descendit les marches de l'estrade et parcourut la classe. Sentir le maître derrière eux ressembla à une gigantesque marée. Les écoliers, la bouche sèche, les doigts moites, ne respiraient plus. Puis, il revint tranquillement à son poste et distribua avec un certain sens de la cérémonie les cinq cahiers de calcul, d'orthographe, de leçons de choses, d'histoire et de géographie, cinq opuscules recouverts d'une parure cartonnée où figuraient au dos les tables de multiplication ou celles des conjugaisons.

— Les élémentaires et les moyens, inscrivez vos nom et prénom sur la couverture.

Adrien apprécia la souplesse du cahier. Il l'ouvrit délicatement, explora le territoire sans limites des pages blanches. Il s'appliqua à composer les pleins et les déliés, à dessiner des voyelles rondes, à respecter la tige des consonnes sur la portée des lignes. Ce trésor inanimé prenait forme, traçait un fil conducteur qui rattacherait inéluctablement sa vie d'homme aux souvenirs d'enfance.

— Bien, très bien, lui signifia Louis. S'il te plaît, va au tableau et inscris en haut à gauche la date d'aujourd'hui.

Adrien inscrivit sans trembler, d'une écriture régulière et droite : Lundi 2 octobre 1939. Ensuite l'instituteur lui dicta la morale du jour : *Etre loyal, c'est dire oui quand c'est oui et non quand c'est non.* Il ne posa aucune question et laissa les écoliers désarçonnés devant cette maxime.

La première partie de la matinée fila à une étonnante rapidité. Le temps de se présenter, de faire plus ample connaissance, et la cloche de l'église sonna la demie de dix heures.

— Rémy, rassemble les petits. Adrien, organise les rangs, ouvre la porte, conduis ce beau monde en récréation et surveille qu'il n'y ait aucun accident ou bagarre ! Marcel, remplis donc les flacons d'encre violette et n'en verse pas à côté.

Barnouin emplit avec la bouteille à bouchon doseur les encriers de porcelaine et essuya minutieusement les auréoles avec le chiffon à craie. Pendant ce temps-là, une ribambelle de moineaux envahit la cour. Braillements libérateurs, sifflets, course, les gamins se défoulaient, sautaient, se débattaient, évacuaient une pression trop longtemps retenue. Ils s'échangèrent des cages à hannetons contre des osselets, organisèrent le jeu de l'épervier, démontrèrent la palette inépuisable de leurs ressources. Des groupes se formèrent par affinités : les garçons avec les garçons, les filles avec les filles. Il fallait choisir avec qui se lier, faire et défaire les amitiés antérieures, savoir mordre, concéder, aimer, abdiquer, bouder, sourire... Les plus calmes s'assirent sur la banquette fraîchement repeinte et lorgnèrent à la dérobée le maître qui, accoudé à la fenêtre, veillait sur sa couvée et semblait lui aussi soulagé.

— Il est drôle mais me fait un peu peur, avoua Margot, une teigne aux tresses blondes, au caractère impétueux, capable d'asséner une volée de coups de pied à celui qui l'embêterait.

— T'as vu comme cette grande bringue est coiffée ? se moqua un rougeaud boutonneux.

— Ses cheveux ressemblent à un buisson de cade et frottent presque les poutres ! ajouta une copine aux joues creuses et à la tignasse rêche.

— La règle carrée qu'il tient dans la main me fout la trouille ! Gare à nos abattis s'il se fâche !

— Moi, je ne le crains pas et s'il s'avise à me battre alors j'appelle mon père, fanfaronna Félix Daumas, le fils du forgeron.

— Et les trois chouchous qui se prennent pour des chefs ! pestèrent les jumeaux des Amphons.

— Normal ! Ils passeront le certif à la fin de l'année ! reprit Margot.

— T'as vu comme y parle drôlement ! ajouta le rougeaud.

Une confiance mutuelle s'installa peu à peu. Les bouilles changèrent, les yeux s'écarquillèrent attentifs et scrutateurs, les rires éclatèrent lors des maladresses ou des blagues. Louis laissa la petite communauté s'éveiller à ses propres réflexes, prendre ses marques et ses repères. A présent, à l'affût du moindre mouvement, ils guettaient ses traits de nervosité, épiaient ses bafouillages, observaient ses hésitations, repéraient tout et rien, tentaient de découvrir indices, tics, poses utiles aux stratégies futures. Louis Rosenberg était passé au crible sous toutes les coutures. Qui était donc monsieur Louis l'instituteur, ce drôle de personnage, si jeune, qui était capable de les emmener sur la lune sans qu'ils ne s'en aperçoivent ? Il tentait de comprendre le mal de vivre de certains, et n'interrompait jamais un étourdi qui décrochait dans de merveilleux vagabondages : une abeille prisonnière d'une toile d'araignée, un papillon maladroit qui se tape contre un carreau, un rai de soleil filtrant sur le plancher, l'aboiement d'un *bastardoun*, le chant lointain d'un coq, le meuglement d'une vache, la forêt qui bruisse à la brise montante… et l'heure qui avançait trop rapidement…

La matinée débutait immuablement par l'inspection corporelle, un rite obligatoire et de rigueur. Louis vérifiait les mains, dessus, dessous, les ongles, le débarbouillage des minois, examinait les oreilles, les dents, les cheveux et envoyait illico au lavabo ceux qui contrevenaient aux règles stipulées par le manuel de l'académie.

— L'hygiène et la propreté vous épargneront de nombreux maux. Se laver avec un gant au lever, prendre un bain toutes les semaines, y compris l'hiver, vérifier que des colonies de poux ne se promènent pas sur vos crânes, frictionner les cheveux, car ces parasites inoculent dans les écorchures le bacille de la tuberculose, une maladie extrêmement grave ! Se brosser les ratounes vous évitera aussi d'horribles caries, des souffrances atroces ou bien de porter un dentier !

Ces déclarations occasionnèrent dans la population une appréhension justifiée car chez les paysans on ne se débarbouillait que le dimanche, lors des jours de fête, des mariages ou des enterrements. L'épicerie-droguerie fut littéralement dévalisée en produits tels que la Marie-Rose, le savon de Marseille, la pâte à bouche et les brosses à dents.

Les semaines se déroulaient dans la bonne humeur. La majorité des élèves couraient vers l'école et bousculaient les traînards. Souvent trop en avance, ils prenaient possession de la cour de récréation et s'inventaient toutes sortes d'activités matinales qui mettaient de bonne humeur le maître.

Louis les fascinait. A la fois clown et pédagogue, sévère et juste, curieux et passionné, il laissait la parole, abrégeait les futilités, métamorphosait le plus dur des problèmes en logique toute simple. Il se refusait à punir, bannissait l'avilissant piquet et les châtiments corporels. Il saisissait les opportunités sur le vif, les adaptait, improvisait selon son inspiration, démontrait une patience infinie et un savoir délicat. Il n'imposait aucun exercice mais jouait à enseigner. Les élèves comptaient à l'aide du boulier, apprenaient la règle de trois, naviguaient sur les fleuves de France, s'enivraient de La Fontaine,

Lamartine ou Musset. Louis accumulait des matériaux, des phrases, des textes, tentait de mettre à profit les progrès des élèves. Il s'adaptait en permanence, remaniait ses explications, comprenait la classe dans son ensemble et chaque enfant en particulier. Lorsqu'il parlait, quinze bouches ouvertes gobaient les mouches. Les leçons des élémentaires intéressaient les petits, et les moyens se mettaient à la disposition des préparatoires pour les aider. Ils en oubliaient même l'heure de la sortie. Une ruche extraordinaire, vivante, bourdonnait. Les braises qui pétillaient dans les esprits de ses matelots l'incitaient à redoubler d'invention, à imaginer, à rêver...

Louis, infatigable, préparait les leçons la nuit. La lampe de son logement était toujours allumée et quand on souhaitait l'entretenir, jamais on ne le dérangeait. Organiser la classe devenait un exercice complexe. Il pesait le pour et le contre, notant ses insatisfactions, rattrapant dès le lendemain les erreurs afin de perpétuer cette crédibilité sans faille que son auditoire avait placée en lui. Il plongeait à s'enivrer dans son métier, mais restait lucide, faisant la part des choses, maîtrisant l'extase des débuts, la profondeur des sentiments qui pouvaient le lier de trop près à tel élève et attiser des jalousies.

Il se prouvait à lui-même qu'il devenait un excellent maître.

L'hiver déboula. Une lumière mauve tachait l'horizon. La grêle mêlée à une pluie fine qui transperçait les vêtements tapait sur les fenêtres. Puis, les premiers flocons flagellèrent la campagne. Le vent déferlait en bourrasques, sifflait telle la rumeur d'un océan déchaîné. La profonde neige couvrait vallons, plaines et coteaux d'un linceul uniforme. Les pins et les chênes se momifiaient. La rivière suspendue à un écrin de glace sombrait dans une mélancolie muette. La montagne se diluait dans une brume crème. La girouette du clocher ne grinçait plus sur son axe. Les toits frôlaient un ciel bas. Les murs blanchâtres et livides des maisons semblaient grignotés par le choléra. Le car n'assurait plus qu'une rotation par semaine. Castelroche se coupait du monde et s'isolait pour de longs mois sur les flancs de l'Audibergue.

La bise soufflait, s'infiltrait sous la porte de l'école, s'immisçait dans la salle surchauffée puis se perdait dans le grenier. Chaque matin, un gamin apportait un fagot et un seau de charbon. Lorsque les bûches étaient trop grosses, Adrien se chargeait de les fendre aux dimensions voulues. Le poêle ronflait à plein régime. Pour ceux des hameaux et des fermes lointaines, Louis organisa une cantine et mit à contribution les grands-mères. Lorsque la cloche sonnait, les gamins se déchaussaient dans le couloir et circulaient en chaussons. Lors de la « récré », boules de neige et bonshommes constituaient la distraction principale. Mais la plupart préféraient la chaleur du nid douillet qu'était la classe et qui apaisait les esprits. On percevait le froissement des pages, le frottement des pieds sur les lattes de parquet, de rares chuchotements ou des gloussements étouffés. L'école prenait, en ces moments-là, une indicible réalité.

Adrien et Rémy appréciaient particulièrement les heures après les cours où, plongés dans un livre, ils attendaient Julien qui venait les chercher. Dehors il faisait nuit. Ils étaient seuls dans un bateau, protégés de tous bords, seuls dans le silence et la béatitude. Louis corrigeait les cahiers en fumant une cigarette à bout filtre, rangeait la salle ou bien s'asseyait à leurs côtés et répondait simplement à leurs interrogations. Le maître leur appartenait un peu plus qu'aux autres et souvent se livrait à certaines confidences. Louis appréciait particulièrement Adrien, l'enfant de l'orphelinat, le déraciné comme lui. Ils se ressemblaient un peu par leur histoire et leur passé.

Julien tapa à la porte et apparut dans l'entrebâillement, la pelisse couverte de neige. L'instant de la séparation sonna. Emmitouflés dans les passe-montagnes, le capuchon de la pèlerine rabattu jusqu'au menton, ils reprirent le chemin de la ferme, éclairés par des lampes-tempête fixées sur les montants de la carriole. Parfois, un renard leur coupait silencieusement le chemin. Lorsque le froid devenait particulièrement insupportable, Julien sortait de dessous la banquette une couverture en peau de lapin dans laquelle ils s'enroulaient et leur offrait une rasade de vin chaud. Dans les calades, les roues dérapaient comme un traîneau, alors ils sautaient de la carriole, glissaient sous les bandages des cailloux afin qu'elle ne ripe pas et ne *débaousse* dans un ravin.

— Faut être cinglé pour sortir par un temps pareil ! Tu ferais mieux de rester à la ferme !

— Papa, je dois passer mon certificat d'études et je ne veux manquer aucun jour d'école !

— Comme tu veux, mon fils !

— En plus, monsieur Louis ne serait pas content !

A la fin d'un après-midi de décembre, après un goûter, le maître rendit les carnets de notes à faire signer aux parents. Puis, du haut de l'estrade, il adressa des félicitations sur le comportement, l'assiduité des élèves durant le premier trimestre et annonça ce que tous redoutaient .

— Chers élèves, Noël arrive, les vacances aussi. Amusez-vous, régalez-vous et surtout préparez-vous au deuxième trimestre. Quant à moi, je redescends dans ma famille à

Saint-Cézaire. A mon retour, je vous réserverai une belle surprise.

Rémy Barlet grimaça comme deux ou trois autres gamins. Durant les quinze jours à venir, il savait pertinemment qu'il retournerait à l'étable, couperait le bois, nettoierait les clapiers. Deux semaines de bagne sous les gueulantes voire les coups de Léon l'attendaient. Adrien le saisit par le bras et lui annonça :

— Ne t'en fais pas ! Marcel et moi allons te tirer de la Bastide Blanche. Tous les matins nous viendrons te chercher. Je demanderai aussi à Amélie que tu puisses fêter Noël avec nous !

— Mon père ?

— Julien en fera son affaire !

14

Un coup d'avertisseur prolongé et la camionnette Berliet pilotée par Louis Rosenberg longea la rue Principale. Le retour du maître d'école clôturait la trêve scolaire et marquait le début de l'année nouvelle. Le village sembla émerger soudain de sa léthargie. « Monsieur Louis est revenu ! » De commerces en maisons, la nouvelle se répandit. Les habitants se précipitèrent aux fenêtres ou sur le seuil des maisons. Marcel se dépêcha à la Bastide Blanche et à la ferme Saint-Hubert afin de prévenir ses camarades qui aussitôt foncèrent vers Castelroche. D'autres enfants couraient derrière le véhicule, s'accrochaient à la ridelle, grimpaient sur le pare-chocs, improvisaient une parade joyeuse.

— J'ai emprunté la voiture du cousin Emil, j'avais tant de choses à rapporter ! leur dit Louis en claquant la portière.

Sans se faire prier, les lurons déchargèrent les cartons et les caisses en bois au couvercle solidement cloué. Louis ne fléchit pas sous la fougue des questions incessantes, préservant ainsi le mystère.

— M'sieur, c'est bien lourd…

— Ce sont des livres, des livres et des livres, répondit Louis amusé. Mais toi, cela ne doit pas te faire peur, tu es costaud !

— Faudra tout apprendre, m'sieur ?

— Presque tout, si tu veux avoir une tête bien pleine ! Autrement la casquette te tombera toujours sur les oreilles.

— M'sieur, mais ça va servir à quoi tout ça ? dit un autre en désignant les caisses.

— Je vous promets que vous ne serez pas déçus ! Mais uniquement si vous êtes sages et studieux !

— On monte les paquets au premier étage ? lança un petit malin.

— Dépose tout dans le couloir !

Louis gara le véhicule sur la place et s'engouffra au café des Chasseurs. La bonne année souhaitée à Colette et à Paul, il fut rejoint par les trois jeunes amis. Sirotant un chocolat brûlant, ils se racontèrent leur Noël, la messe de minuit, la crèche vivante, les cadeaux. Rémy dégageait une euphorie contagieuse. Les fêtes de la Nativité chez les Philibert l'avaient transcendé, surtout qu'Amélie et Julien avaient entraîné Léon, qui participa sans trop rechigner au réveillon. Malgré ces merveilleuses confidences, ni Adrien, ni Rémy, ni Marcel ne surent ce que le maître d'école leur réservait.

Louis alluma la cheminée du logement de fonction. Désert depuis deux semaines, la froidure avait saisi les murs et le givre constellait d'étoiles à huit branches l'intérieur des carreaux. Il profita de ce moment de quiétude pour réfléchir sur l'angoisse terrible qui le dévorait lentement. Même s'il se sentait à l'abri dans la maison d'école, protégé par une citadelle aux murs infranchissables, même si Castelroche était épargné momentanément par les secousses qui agitaient la planète, même s'il était loin du bruit des canons ou des fusils, même s'il n'entendait pas le martèlement cadencé des bottes sur les pavés, il ne pouvait rester indifférent au creuset de haine qui déferlait sur l'Europe. Un poids terrible l'étouffait et l'empêchait de retrouver la tranquillité d'un être libre et sensé. Il se sentait trahi, désabusé par la bassesse des hommes. Il avait vécu dans sa chair les prémices de l'absurde. Les images de son enfance ressurgissaient, encore plus violentes, plus présentes, plus réelles, comme si l'histoire devait se répéter, tel un cycle ignominieux, à chaque génération, offrant généreusement son lot d'injustices, de souffrances, de sauvagerie.

Berlin, cette nuit de novembre 1932 cachés par une muraille de cageots au fond d'un camion… une nuit étrange où l'on referme son enfance sur du vide, où l'innocence meurt, où l'on grandit brutalement, où l'avenir n'est qu'illusion, fumée, cendres… Constance, Bâle, en train sous de fausses identités, contrôlés sans cesse, par des douaniers et des gendarmes suspicieux… La traversée des Alpes… Gap, Barcelonnette, Digne… puis la délivrance au bout de vingt jours de renoncement, au mépris de la couardise et de la panique ! Ils devaient à tout prix passer !

Le soleil, la mer, Nice… Des figures accueillantes, des draps blancs, des vêtements propres, une soupe chaude, les promenades dans les parcs fleuris, les avenues multicolores, les jeux sur les galets, les mouettes, le manège, les chants des maçons piémontais, la vieille ville, le concert du dimanche par l'orchestre philharmonique au kiosque du jardin Albert-Ier, les camelots qui proposaient des grappes de ballons rouges, verts, jaunes, des fleurs de papier, des poupées aux robes de princesse… la vie, tout simplement la vie, un intervalle où Louis tentait d'oublier les déchirements et les épreuves.

Les frontières cernées par le spectre de la guerre cédaient une par une sous les coups de boutoir des blindés et des armées. Rien ne pouvait endiguer la diabolique marche de la terreur ! Les fanatiques étendaient leur joug de pays en continents. Après le pacte germano-soviétique, la chasse aux « moscouvites » s'étendit sur le territoire national. Les députés Virgile Barel et Pourtalet furent arrêtés et incarcérés.

Les Alpes-Maritimes et la Provence n'étaient pas épargnées, bien au contraire. Chaque nuit, des bateaux de pêche jetaient sur les plages de la Riviera des hordes de Juifs embarqués à Gênes ou à Naples, fuyant les « chemises noires ». Les plus hardis, avec l'aide de passeurs, empruntaient le Pas de la Mort surplombant Menton. Les moins chanceux ou ceux abandonnés par des crapules sans vergogne se perdaient, rebroussaient chemin par des sentiers hasardeux ou bien, pour éviter d'être refoulés par les soldats du 15e corps d'armée, se jetaient du haut des précipices[1].

La tension avec l'Italie était à son paroxysme. On ne comptait plus les provocations en tout genre. A la « Casa Italiana » à Saint-Laurent-du-Var, les membres du *facio* niçois faisaient l'éloge de Mussolini et de la « grande Allemagne ». Dans le même temps, Joseph Cauvin, élu cantonal de Saint-Vallier, demandait que l'on surveille de très près les agissements des émigrés transalpins, « des espions et des perturbateurs ! » déclara-t-il, et surtout que l'on procède à l'abrogation des lois de réciprocité sur l'assistance et le chômage. Il cracha sur le portrait de Daladier.

1. *Les Alpes-Maritimes de 1939 à 1945*, Jean-Louis Panicacci, Serre Editeur, 1992.

— Les *piantous*, les mange-macaronis, les *babis*, les ritals, chez eux ! Qu'ils nous foutent la paix !

Les rumeurs, les terribles rumeurs accompagnées de lynchages s'abattaient sur les pauvres gens. La plupart se terraient dans leurs taudis ou bien ficelaient leur maigre baluchon et décampaient vers le nord. *L'Eclaireur de Nice et du Sud-Est* approuvait le régime mussolinien et le plan Ciano qui ordonnait aux Italiens et à leur famille de réintégrer la péninsule afin de participer à l'effort de reconstruction et de guerre.

Dans les colonnes des quotidiens *Le Progrès de Grasse* et *Le Progrès d'Antibes* où commençaient à poindre des thèses xénophobes et antisémites, un éditorial consacré au fameux « gentleman-farmer » résidant à Villeneuve-Loubet, le maréchal Pétain, attira particulièrement l'attention de Louis Rosenberg : *L'éducation de la jeunesse, l'extraordinaire responsabilité qui pèse sur nos maîtres, voilà ce qui me préoccupe. La France continuera à être une grande nation si on apprend mieux à ses enfants le mépris de la facilité, le sens de l'effort et du travail. C'est l'éducation patriotique qui donnera à la jeunesse, en qui je place toute mon espérance, le goût de travailler et de servir, le goût de la famille, du foyer, des enfants. Patrie et travail, c'est à cette double condition que la France continuera*[1].

Louis remonta l'oreiller sous la nuque et ferma les yeux. Un masque d'incertitude creusait ses traits, une expression douloureuse qui empêchait tout repos. Fallait-il à nouveau fuir ? « En Amérique nous serons protégés et nous ne manquons pas de famille là-bas ! Nous devons prendre une décision urgente pendant qu'il est encore temps ! » suggérait le cousin Emil Beck. Louis ne

1. Discours publié le 25 novembre 1939.

pouvait laisser ainsi les enfants de son école qu'il aimait plus qu'un père ! Fuir et laisser l'œuvre inaccomplie ! Fuir dans un exode forcé, sans retour ! Fuir tels des parias sans espoir, au péril de la vie ! Fuir et renoncer ! Ou bien attendre, la peur au ventre, sans lendemain, repousser au loin les projets, se contenter de chaque jour qui passe... Ou se battre, affronter l'ennemi, défier l'enfer, attiser le feu, l'enthousiasme, l'émerveillement qu'il devinait chaque matin dans les regards de ses protégés !

Comment expliquer aux enfants l'ignominie de la guerre ? Quel sens avait-elle pour eux ? Ils ne vivaient pas en marge des problèmes de société dans une bulle protectrice qui les tenait à l'écart des préoccupations adultes. Quel regard porteraient-ils sur un monde qui ressemblerait à un gigantesque champ d'honneur où flotterait un dérisoire drapeau ? Dans ce chaos monstre, où les orateurs, les pleutres gouvernants accumulaient les énormités et démontraient leur inépuisable incompétence, une sourde angoisse bousculait à la fois l'âme et l'esprit de Louis. Après une longue respiration, il laissa retomber sa main sur la couverture dans un geste d'impuissance et pensa à Colette, à son parfum de violette. Il revit aussi la femme et la petite fille sur le sentier du cimetière... Devant elles, un calvaire se dressait : une croix de bronze sur un socle de granit, ridiculement orné d'un bouquet de fleurs fanées.

Lorsqu'il agita la clochette, les écoliers se ruèrent dans la classe. Ils se bousculaient, piétinaient sur place, s'excitaient au milieu de cris et de rires. Durant les vacances, ils avaient oublié quelques convenances que Louis se promit de rappeler. Un claquement de doigts, le chahut s'estompa. Une alchimie studieuse berça la classe. Les pupitres claquèrent. Ils sortirent cahiers, livres, plumiers dans un élan d'allégresse qui rasséréna le maître. Son malaise s'atténua aussitôt. Le bonheur spontané des retrouvailles se lut autant sur le visage des gamins que sur celui de Louis. Devant chacun d'eux, il avait disposé un paquet de friandises. Chocolat, mandarine, pâte de coings et papillotes constituaient le gourmand présent.

— Je ne vous autorise à l'ouvrir que lors de la récréation !

Des « oui, m'sieur » mitigés et ronchons répondirent aux conseils de l'instituteur. Les petits doigts dégourdis qui déjà dénouaient le ruban s'immobilisèrent avec une certaine contrariété.

— A présent, inscrivez sur vos cahiers la date et la phrase suivante : *Tout homme, quelles que soient la couleur de sa peau, sa religion, ses idées, doit pouvoir marcher la tête haute et sans crainte.* Ne perdons pas nos bonnes habitudes. Soulignez avec la règle, ne faites pas de taches et écrivez en lettres rondes et appliquées, respectez la marge à gauche !

Il laissa les élèves, petits et grands, réfléchir un long moment, face à cette prose d'actualité. Puis relut la morale en articulant distinctement les mots, les répétant avec leur liaison, épelant les syllabes, détachant pour les préparatoires les difficultés avec netteté.

Lorsque la classe commença à se dissiper, il la reprit en main et ajouta avec un air rusé :

— Mais ce n'est pas tout ! Continuons la liste des cadeaux... La caverne d'Ali Baba n'est pas totalement visitée !

Louis se dirigea sur la pointe des pieds vers le bureau. Une couverture verte recouvrait de volumineuses formes. Dans un même élan, les enfants croisèrent les bras sur le banc et, les yeux grands ouverts, fixèrent le magicien.

— Allez monsieur, bougonna Margot.
— Patience, patience, répondit Louis.

Lentement, il dévoila un poste de radiophonie au bois verni, un vrai qui fonctionnait à l'électricité.

— Mesdemoiselles et messieurs, avec cet appareil, nous allons écouter les nouvelles du monde ! s'exclama-t-il tel un colporteur au milieu d'un marché.

Il continua à rouler le tissu, puis s'arrêta, fit semblant de réfléchir, passa la main dans ses cheveux en fredonnant une comptine. Les gamins ne tenaient plus, trépignaient. Leur impatience était à son comble. Margot se rongeait les ongles. Les jumeaux des Amphons se mordaient les joues. Rémy se penchait à piquer du nez par terre. D'un coup, le maître découvrit un phonographe portatif dont le gigantesque pavillon pouvait engloutir une brebis tout entière, ainsi qu'un pile de microsillons rangés dans des pochettes marron. Les cris d'admiration résonnèrent jusque dans la cour. Il demanda le silence en posant un doigt sur ses lèvres. Il montra la manivelle, remonta la machine, installa sur le plateau un disque et posa l'aiguille d'acier sur le rebord. La musique s'éleva pianissimo. Le chant des violoncelles monta du ventre de l'orchestre. Les violons tapissèrent d'une mélodie féerique, d'une éblouissante clarté la lumière matinale. Saisie par le chant, la classe fut transportée dans un sublime voyage polyphonique. Les enfants penchaient la nuque en arrière et se laissaient dériver, les jambes allongées sous le bureau. A la fin de l'extrait, personne ne parla, personne n'osa rompre cet instant privilégié, de pure communion. Ils ne se regardèrent pas, ils n'avaient plus envie de redescendre sur terre. Louis énuméra une par une les musiques que les enfants allaient écouter.

Du jazz au classique, à la chansonnette, il n'avait rien oublié dans ses bagages.

— J'ai choisi des compositeurs célèbres et des orchestres de pays différents, comme cela nous épinglerons sur la mappemonde les capitales et ainsi nous apprendrons la géographie. Nous venons d'écouter Georg Friedrich Haendel, un compositeur né en Saxe dans la ville de Halle. Il immigra en Angleterre. Malgré sa cécité, il dirigea néanmoins le théâtre de Londres.

Louis exécuta un demi-tour et épingla sur la carte de l'Europe un drapeau.

— Voilà où est né Haendel.

— En Allemagne ! braillèrent les jumeaux des Amphons. Chez ces putains de boches !

— Qu'avez-vous contre les Allemands ? Mon père dit qu'ils sauveront la France ! Alors respectez-les et retirez de vos sales becs ces insultes, ou je vous pète la gueule ! s'insurgea Félix, le fils du forgeron Daumas, en les gratifiant d'une menace du poing.

Sidéré par un tel langage, Louis resta suspendu, désemparé, les microsillons à la main. Les lèvres serrées, livide, il fit un effort sur lui-même pour ne pas laisser échapper sa fureur et sa déception. Il eut la tentation de punir violemment les auteurs de ce dialogue infect, influencés à coup sûr par le milieu familial. Il chercha du réconfort dans les regards d'Adrien, Marcel et Rémy. Après un long moment d'hésitation, il remonta sur l'estrade et parla longuement. Il raconta l'exode de la famille Rosenberg et du cousin Beck. Confronté à sa vérité, trop longtemps retenue, il ne pouvait plus cacher ses émotions et ses sentiments.

— Mes enfants, mes chers enfants, il n'y a ni boches, ni Allemands, ni Italiens, il y a des hommes et des femmes qui veulent vivre en paix tout bêtement ! Moi, à votre âge, j'ai dû fuir ma patrie, mes amis, uniquement parce que je suis juif. Eh oui, je suis un Juif allemand naturalisé français ! Est-ce que pour cela je suis un mauvais homme ? Est-ce que je suis un mauvais maître ? Est-ce que je ne vous aime pas ? Est-ce que je suis votre ennemi ?

— M'sieur Louis, on fait comment pour tuer ? insista un tout petit de préparatoire.

— Ça fait quoi quand on est mort ? continua un second.

— M'sieur, demanda Margot, s'il y a la guerre, y aura-t-il encore de la musique ?

15

Louis ne revint plus sur les navrants propos qui agitèrent la classe. Il continua son travail comme si de rien n'était, tout en redoublant d'attention et de prévenance. Vigilant sur les expressions et les mots usités par les uns et les autres, il se jura qu'un tel incident n'aurait plus lieu et qu'il n'autoriserait aucun débordement verbal. L'école, lieu d'apprentissage de la vie en communauté, devait posséder tout son sens, évoluer comme un creuset dynamique d'idées, écarter toute violence, reconnaître l'éthique de l'être et partager son humanisme. La littérature, la poésie, la création de textes lui semblèrent un remède efficace contre cette dérive et il s'y employa résolument.

Du préparatoire aux « fin d'étude », après la leçon de morale, l'éveil musical, la séance de lecture à haute voix ou bien de récitation, la matinée se poursuivait et s'achevait par le rituel des informations de onze heures écoutées à la radio et commentées par le maître. La guerre était dans tous les esprits. Les élèves se faisaient l'écho des conversations entendues à la maison ou dans la rue, s'interrogeaient et questionnaient le maître. Aussi, Louis, en présence de Marius Belli, invita les parents dans la classe après les cours. Sur la carte il expliqua les stratégies des différents acteurs, le mécanisme de cette machine de guerre infernale, les pays envahis, ceux dont la capitulation était imminente. Il symbolisa les nouvelles frontières par un trait de couleur rouge. On écoutait pieusement l'érudit qui possédait le don de répondre clairement aux préoccupations légitimes.

— Viendront-ils à Castelroche ?

— Qu'allons-nous faire ?

— Il faudra se cacher ?

Le jeune homme revenait sans cesse sur les démonstrations, commentait, reprenait ses exposés s'il le fallait. Les gens parlaient du rappel des « fascicules bleus[1] », prélude à la mobilisation générale. Louis se voulait malgré tout rassurant et discutait sur un ton calme et apaisant :

— La France et ses alliés sont vigilants sur la conjonc ture politique et militaire. Ne vous inquiétez pas plus qu'il ne faut ! Nous avons encore le temps de nous organiser...

Les absences de Félix Daumas se multiplièrent. Les motifs invoqués, notés par Louis sur le registre d'appel, relevaient de la grande fantaisie. Jusqu'au jour où le gamin quitta définitivement, sans aucune explication, l'école pour seconder son père à la forge. Contraint ou volontaire, ce départ ne satisfit pas Rosenberg qui décida d'en savoir un peu plus.

D'un geste lent et régulier, Félix tirait la poignée de l'énorme soufflet noirci par la suie et domestiquait la braise avec le tisonnier. Le magma ronflait à la température précise exigée par le ferrage. Fernand Daumas, un colosse aux épaules de bronze, aux moustaches brous-

1. Livrets militaires.

sailleuses, aux doigts lourds, velus, noueux, presque déformés, aux ongles gavés de poussière de mâchefer, ne leva pas la tête. Les jambes protégées par un tablier de cuir qui tombait sur les chevilles, le sabot d'une mule entre les genoux, le boutoir dans une main, le rogne-corne dans l'autre, il enlevait la partie abîmée, nivelait, nettoyait le sabot et perçait les étampures[1] à l'aide de la pointe à section. La sueur coulait à flots sur ses tempes. Il portait sur la trogne le tatouage des flammes. Un mulet à la robe brune renâclait, tapait sur le sol, montrait des signes de grande nervosité. Son patron le tenait par un licol et un tord-nez, lui tapait sur la croupe pour le calmer, lui murmurait dans l'oreille des compliments, en restant toujours en retrait : une ruade lui serait fatale. Despote absolu dans et devant la boutique attenant à la maison, Fernand régnait sur un univers noir de ferraille et de toiles d'araignée qui puait l'eau croupie du bac à tremper. Forgeron, maréchal-ferrant, taillandier[2], il cumulait les emplois. Il ne se dépêchait jamais, ne bâclait pas la tâche et on le payait comptant. Sa renommée dans le canton tenait à un travail parfait sur lequel on ne revenait pas. Jamais une bête n'avait déferré. Même si une impressionnante queue se formait, surtout en période de labour ou de bûcheronnage, le rythme était identique. Si on s'aventurait à le presser, on subissait une bordée d'injures et le maréchal-ferrant partait au bistrot pour se faire encore plus prier, buvait, buvait, buvait… souvent un peu trop et déclarait haut et fort :

1. Trous des futurs fers.

2. En Provence, une des activités du forgeron est d'être taillandier, c'est-à-dire fabricant d'outils, marteaux, tenailles, rabots, fourches…, activité qui disparaîtra dans la seconde moitié du XXe siècle face à la concurrence des usines.

— De voir tous ces couillons en file indienne, ça me donne soif ! Paul, un autre ! Qu'est-ce qu'ils ont tous à venir toujours au dernier moment ! J'ai pas dix bras ! Avant la Grande Guerre, les charretiers prévoyaient le ferrage sur une année au moins !

Alors les paysans chiquaient, passaient le temps, brossaient la bête, jouaient à la moura ou aux dés, espérant que leur tour viendrait bien à un moment ou à un autre… avant que Fernand ne soit complètement ivre et ne renvoie le travail au lendemain.

Fernand remplaça son fils à la forge non sans l'avoir sèchement poussé dans un coin.

— Tu me gênes ! bougonna-t-il.

Il plongea les fers dans la lave bouillonnante et attendit que le métal monte en fusion sans brûler. Des étincelles illuminèrent l'atelier. Des années à se griller la rétine et la gueule avant de juger quand l'acier serait parfaitement malléable. D'une longue pince à bouts plats, il arracha au brasier le fer incandescent qui se noircit au contact de l'air et, sur l'enclume, en quatre coups de massette, intercalés par un rebond afin de ralentir le mouvement, mit en forme les pièces et les adapta avec le tricoire[1] sur la corne du bestiau. Une odeur âcre de chair consumée s'évapora. Enfin il termina la « chaussure » par les clous carrés qu'il enfonça en tapant trois coups précis sur chacun avec la chasse[2] et coupa les pointes qui dépassaient avec d'impressionnantes tenailles.

Fernand Daumas ne fit pas cas du maître d'école qui, devant le seuil de l'atelier, admirait sa virtuosité. Il racla

1. Tenaille qui sert à couper les clous et enlever le fer usagé.
2. Marteau intermédiaire de forgeron.

la blague à tabac et en tira une pincée. Il plia ensuite une feuille de papier de goudron entre le pouce et l'index, la lécha, se roula consciencieusement une cigarette et l'alluma avec un tison. A la fin de ces opérations, il consentit à poser, du coin de l'œil, un regard sur Louis. Il n'exprima aucune émotion particulière, ni surprise ni défiance. Louis eut du mal à deviner sous des traits figés quelque pensée ou sentiment.

— Vous désirez ?

— Je viens...

Le forgeron le coupa net.

— Vous avez un cheval à ferrer ? Une serrure à réparer ? Une grille à poser ? Un bandage de roue ou un soc de charrue à souder ? Une cuve à étamer peut-être...

— Non, monsieur Daumas.

— Alors vous venez jusque chez moi pour m'emmerder ! Vous n'avez pas d'autres occupations ? Il est vrai que dans l'administration en attendant la retraite on peut passer du bon temps, se rouler les pouces et bénéficier des congés payés !

Louis se retint de faire demi-tour ou de vilipender le butor. Marius Belli l'avait prévenu : « Léon Barlet et son cousin Fernand Daumas, de sacrés zigotos, méfiez-vous-en... »

— Je n'ai aucunement l'intention de vous déranger !

— C'est fait ! râla-t-il en crachant une salive noirâtre.

— Je souhaiterais simplement prendre des nouvelles de votre fils.

— Vous êtes de la famille ?

Louis tenta de retrouver son calme.

— L'école est importante pour un enfant de cet âge.

— Demandez-lui s'il préfère bayer aux corneilles ou apprendre un vrai travail, un métier d'homme ! Chez Daumas, on ne fabrique pas des mauviettes !

Félix, perdu dans la tourmente, se planqua derrière la forge. Il fut aussitôt rappelé à l'ordre.

— Bougre d'âne, ne laisse pas tomber le feu, active le soufflet ! Qu'est-ce que tu fous planté là-bas ? T'as peur qu'il t'enlève ? Faudra qu'il me passe dessus d'abord !

Fernand s'approcha de Louis et le toisa de deux bonnes têtes.

— De quelle école parlez-vous, monsieur ?

— De l'école de la République ! répondit Louis. « Je suis l'auxiliaire et à certains égards, le suppléant du père[1] », « cela signifie inculquer aux enfants des principes de bonne conduite et les mettre en pratique à l'école et en dehors[2] ».

Le forgeron éclata d'un rire amer.

— L'école de la République... répéta-t-il. Mais quelle République ? Laquelle ? Celle de Daladier ? De Lebrun ? Celle des lâches, des pleureuses, des traîtres ? Et quelle école, monsieur l'instituteur ? Celle dirigée par des gens comme vous ? Laissez-moi rire ! Un de ces matins tout se paiera, et cher ! Ceux qui se mettront en travers du progrès devront rendre des comptes ! A bon entendeur salut ! Maintenant ne restez pas dans mes pattes ! Dégagez ! La sortie est par là !

Louis, médusé, ne sut que répondre à ces paroles sibyllines. Aucune réplique ne vint. Le sol vacilla sous ses pieds. Il était face à un personnage stupide, à l'intelligence laminée. Il eut besoin subitement d'un solide remontant. Lorsqu'il pénétra au café des Chasseurs, les épaules chargées d'une lassitude et d'une incompréhension infinies, Colette remarqua sa pâleur et lui servit sans qu'il le demandât un cognac dans un grand verre.

1. Circulaire du 27 novembre 1883 de Jules Ferry aux instituteurs.
2. *Le Village autrefois*, Muriel Rudel, Hoëbeke, 2005.

— On dirait que vous avez vu le diable en personne !

— Pire, Colette, pire... La méchanceté, l'ineptie, l'indigence, réunies en un seul individu !

— Ne vous laissez pas abattre par ce jobard ! Il fait peur à tout le monde. Depuis la disparition accidentelle de son épouse, il est devenu plus mauvais que la gale

Le curé, le forgeron, la fuite du précédent maître, les vieux démons qui rongent les familles, l'ignorance pesaient leur poids de misère et de rancœur. Comment se débarrasser de tels fléaux ? se demanda Louis. Des pensées bizarres, absurdes erraient dans son esprit. Le tumulte qui fondait sur lui le rendait amer. Il ne voulait pas renier ses principes et céder aux affronts. Il lui fallait lutter, convaincre et surtout comprendre.

— Les enfants, uniquement les enfants, se murmura-t-il.

Il marcha vers le cimetière. Ses chaussures craquaient sur le tapis vierge. Il balaya la neige du banc avec l'avant-bras, s'emmitoufla dans son manteau et s'effaça dans le brouillard cotonneux. Il ne sentait pas le froid. Il était bien loin de tout, face à l'Audibergue, face à lui-même.

Louis alluma une cigarette et souffla la fumée en volutes bleutées. L'air avait changé d'odeur. Un flou impalpable et vibrant se dégageait du tréfonds de l'hiver. Une ouate fangeuse engloutissait toute forme d'existence. De rares arbres creux aux formes torturées s'élevaient tels des spectres.

— Ne penser qu'à l'école ! dit-il tout haut. Le reste ne doit pas avoir une telle importance. Après tout, de quoi je me mêle ? Qu'est-ce que j'en ai à faire de ces jean-foutre ? S'ils veulent crever avec leurs mensonges, leur veulerie, leurs cachotteries, cela ne regarde qu'eux ! A la fin de l'année scolaire, je plie bagage et m'en vais sous des cieux plus accueillants !

— Vous voilà revenu à la raison, jeune homme ! L'utopie est souvent mère de bon nombre de contrariétés.

Les paroles qui s'élevèrent de la chapelle glacèrent le maître d'école, qui mit un certain temps à reconnaître la voix d'Ignace Crucus. Le curé boucla la porte avec une chaînette et un cadenas.

— Je viens en ce lieu méditer chaque soir. Le seul endroit où je peux vénérer saint Antoine, le patron des causes perdues... Je sombre depuis des années dans la pitié et le désœuvrement, ne sachant ni à qui ni à quoi me raccrocher ! Saint Antoine est le seul qui réconforte ma désespérance et me donne un peu de courage.

Il s'assit aux côtés de Louis. Les deux hommes partageaient une pieuse méditation mais chacun d'eux resta sur ses gardes.

— J'ai été odieux lors de notre première rencontre, d'un égoïsme stupide, d'une jalousie sans borne. J'ai honte d'avoir agi ainsi devant les enfants !

Louis ne tourna pas la tête vers son interlocuteur.

— D'un égoïsme ? D'une jalousie ? Quelle confession, mon père !

— Tellement peu de gosses viennent au catéchisme que je me sens dépossédé de ces âmes qui justifient ma fonction. Ni Marcel ni Rémy ne servent à présent les offices ! Je suis délaissé, méprisé, au pied d'un autel de marbre ! Est-ce là mon chemin de croix ?

— Je n'ai jamais influencé un seul de ces enfants, je me l'interdis !

— Votre séduction est telle que peu de monde vous résiste.

— Comment avez-vous pu imaginer une seule seconde, après les tourments que ma famille a subis, que je puisse empêcher quiconque de croire et de se confier à sa religion !

— Je vous en conjure, mon cher Louis, pardonnez-moi.

Sa canadienne, son béret mité, son écharpe en laine noire, son humilité présente, sa tristesse prêtèrent à ce que le maître revienne à de meilleurs sentiments.

— Souvent je hais ma conduite. Je ne supporte plus les gens de ce village, reprit le prêtre, je doute de leur bonté et de leur générosité. Mais il en est de même pour vous, autrement vous ne trouveriez pas refuge ici.

— Nous possédons au moins un point commun. Peut-être est-ce une bonne base pour un nouveau départ ?

— Endosser la souffrance et l'hypocrisie de ces pauvres hères me rapprocherait-il de Dieu ?

Louis Rosenberg lui offrit une cigarette.

— Par les temps qui courent, je pense que nous avons besoin d'alliés solides. Le pire arrive, mon cher prêtre, et nous serons bientôt tous en péril. Chacun devra révéler son courage et sa véritable personnalité !

Ils reprirent le chemin du retour, plongés dans leur scepticisme et leurs méditations.

16

Lorsque Louis entrebâilla l'huis de la maison d'école, il perçut l'envoûtante senteur de l'eau de violette qui traçait dans le couloir un sillage subtil. Un halo délicat marquait de son empreinte l'air confiné, évoquait une présence qui le mit mal à l'aise. Il s'habitua à l'obscurité et devina une silhouette qu'il reconnut parfaitement. Il n'éclaira pas, prit la taille de l'intrigante et la poussa dans les escaliers vers le premier étage. Ce rendez-vous imprévu contraria le maître qui aussitôt se demanda si quelqu'un n'avait pas vu l'imprudente pénétrer dans son domaine. Il scruta attentivement la rue, où rien ne bougeait, et tira les rideaux des fenêtres. Il se sentit prisonnier d'un complot infernal.

— Quelle insouciance ! Paul ? Marcel ? Les clients ?

Colette se colla contre lui.

— Jamais vous n'auriez fait le premier pas ! Vous êtes trop pudique et innocent ! Alors je me suis décidée !

Il s'écarta vers le centre de la pièce.

— Je ne vous demande rien d'autre que votre amitié. Vous êtes une merveilleuse hôtesse, une personne que j'estime et…

— Avez-vous peur de moi ? Je ne vais pas vous dévorer !

— Vous rendez-vous compte dans quelle situation vous me mettez !

— Qui le saura ?

— N'importe qui a pu vous apercevoir !

— Je suis venue discrètement et repartirai en me faufilant sous les porches comme les souffles de la lombarde...

— Vous connaissez mieux que personne ce village ! Je n'ai pas envie d'être sacrifié sur l'autel des médisances ! Je ne souhaite pas que des accusations soient portées contre mon honorabilité. Je suis le garant de l'éducation des enfants et je me dois de montrer l'exemple !

Colette dénoua son chignon. Les cheveux coulèrent en écheveau telle une rivière sacrée le long de ses reins.

— Je vous en supplie, soyez raisonnable, partez pendant qu'il en est encore temps !

— Je sais comment clouer le bec à ces sales teignes. Qu'un seul se permette de salir votre nom, le ciel s'écroulera sur lui et sa descendance, je vous le promets !

— Que voulez-vous dire ?

— Ce n'est pas le moment... Plus tard peut-être, murmura-t-elle.

Elle délaça ses chaussures, déboutonna lentement le col de sa robe, repoussa la dentelle, dénoua le ruban qui fermait le chemisier. Louis trouvait toutes les justifications possibles pour ne point céder à l'appel de la tentatrice, à la sublime provocation. Mais il ne pouvait endiguer les pulsions fulgurantes qui gonflaient son bas-ventre, semaient le désordre, anéantissaient sa retenue. Il s'embourbait, s'enfonçait dans un trouble démesuré, touchait les limites cruelles du désir. Colette l'écoutait sans l'interrompre, prenait des poses, poursuivait son effeuillage en ondulant le buste, le dévisageait avec une insistance langoureuse.

— Vous êtes folle, totalement folle !

— Je le suis depuis votre première apparition, un matin de septembre. Vous m'avez retourné les sangs !

Louis sentit fondre sa volonté lorsque le corsage et le jupon se froissèrent sur le tapis, dévoilant des chevilles fines et nobles, des fossettes sur les genoux, des cuisses à dévorer, une toison qui appelait à une sensuelle exploration, des flancs en amphore, des seins qui sollicitaient la fureur charnelle, des pointes qui se tendaient vers une impatience religieuse, un cou de nacre éblouissant, portant au délire, des lèvres palpitantes… Colette avait été conçue par le sculpteur des anges. Indécente et parfaite, elle ôtait ses fripes de villageoise pour se parer de la nudité des déesses. La respiration de Louis devint haletante. Une force indomptable fléchit ses jambes. Le corps nu de l'inspiratrice frôla le futur amant. Son cœur explosa. Elle lui tendit la corolle de sa langue et fit couler dans les veines du jeune homme une lave en fusion. A l'instant même où Louis abdiqua, elle l'entraîna sous les couvertures. Les jambes se nouèrent en une unique étreinte. Les corps roulèrent entre les draps chiffonnés. Elle guida sa bouche aux premières courbures des hanches et conduisit Louis vers un rite sensuel où se mêlèrent la magie et l'extase.

— Je suis tienne, râla-t-elle dans un intense hymne charnel. Je suis tienne en secret !

— « Personne ne cueille une rose sans que l'épine ne blesse[1] », gémit Louis enivré par le musc délicat de sa maîtresse.

Dans l'atelier contigu à la forge, Daumas et Barlet discutaient à voix basse. Les mâchoires serrées, les deux

1. Hafiz, *Amour de la rose et du rossignol*, poésie persane.

paysans ruminaient leur animosité et les insupportables contrariétés que le trublion d'instituteur soulevait. Le fait qu'il se soit déplacé chez le forgeron, qu'il s'inquiète de Félix, qu'il ait pris sous sa coupe Rémy, qu'il se soit réconcilié avec le curé, les gênait à la fois dans leur vie privée et dans leurs projets. La pluie qui cinglait les tôles de zinc de la toiture ajouta au conciliabule une atmosphère lourde, proche du complot.

— Y fout son nez partout, une fouine ! chuchota Barlet.

— De quoi t'as peur ?

— Les enfants ça parle, et lui a les manières pour les faire causer, pire que Crucus ! En plus, il leur donne des lectures qui dérangent le ciboulot, des devoirs du soir et pendant ce temps, les cochons et les brebis gueulent famine ! Et qui se tape le boulot ?

— Rémy, que veux-tu qu'il dise ? A moins que tu lui aies raconté quelques bobards ?

— On aurait dû aller jusqu'au bout !

— Tu me fais rire ! J'ai eu pitié de Madeleine ton ex-femme qui était, je te rappelle, aussi ma sœur ! Si un jour je crève, je ne veux pas que dans ma tombe mon père ou ma mère me fassent des reproches ! Mais n'oublie pas que nous sommes liés par un pacte, que nous sommes complices ! Ensemble nous avons tordu le cou et enterré le bellâtre en catimini à la fosse commune ! Je ne tiens pas à partir au bagne à cause de tes couillonnades ! Je veux fêter peinard la Saint-Eloi !

Daumas tenta d'atténuer le malaise qui harcelait son complice et ami. Sceptique, Barlet coupa nerveusement le bout d'un cigarillo qu'il recracha et se laissa gagner par un profond mutisme. Il ne pouvait balayer d'un coup la détresse profonde qui le rongeait, qui chaque jour le narguait. Quand il croisait le regard de Rémy, il croisait les yeux de cette maudite traînée qui lui avait fait miroiter monts et merveilles et détruit ses illusions. Il revivait péniblement cette douloureuse épreuve. Madeleine Daumas... la sœur de Fernand... L'amie d'enfance, au minois frivole, à l'insolence démesurée, à la nature coquette, arrachée à tous les courtisans du canton, épousée malgré les avertissements de ses parents... Madeleine : une passion démente, sans bornes, un véri table culte naïf, une ferveur sans équivoque, une vénération poignante.

— Mais pourquoi je l'ai mariée ? Pourquoi !

— J'en sais fichtre rien ! Une femme, il faut savoir la garder !

La Bastide Blanche : un rêve, un paradis ! A cette époque, Barlet s'était spécialisé dans l'élevage de porcs et la culture de céréales. Léon travaillait sans relâche et l'exploitation avait pris un essor respectable. L'argent rentrait régulièrement. Factures et dettes payées, il se trouva en possession d'une honnête bourse et acquit des terres supplémentaires, des granges ainsi qu'un corps de ferme plus important afin d'étendre l'activité. Il fonda avec Julien Philibert une coopérative agricole privée et embaucha le bel Edmond, un neveu du maire de Cabris. La même année, Madeleine mit au monde l'héritier. Léon Barlet était comblé. Deux moissons, deux étés, deux Noël dans l'allégresse et la prospérité. Rémy grandissait, s'éveillait au monde, emplissait la maisonnée de babillements et de rires. Tout était très beau. Tout réussissait. Aucun souci ne noircissait un horizon limpide.

Le bel Edmond s'incrusta dans la vie de Barlet sans que celui-ci s'aperçoive de ses intentions. Il s'invitait aux repas, passait les soirées avec la famille, causait de l'entreprise, des terrains, des troupeaux, des investissements possibles, s'immisça telle l'hydre venimeuse dans l'existence du couple. De prime abord, Léon le trouvait sympathique. Son sans-gêne drôle, sa verve naturelle, ses manières plutôt gauches l'amusaient. Sur le plan du travail et des responsabilités prises, aucun reproche ne pouvait lui être dispensé. Mais la confiance est trahie souvent par ses proches, ceux que l'on estime et dont on ne se méfie pas. Les regards soutenus vers Madeleine, les allusions, les connivences, les plaisanteries, les frôlements intriguèrent Léon qui ressassa un certain ombrage et des doutes cruels envers ce tiers envahissant.

« Ne sois pas idiot, disait Madeleine, ce n'est qu'un employé avec qui je plaisante... Je m'ennuie tellement qu'un peu de distraction me fait du bien...

— Je suis ton mari ! Tu me tues à petit feu ! Que veux-tu de plus ? implorait-il en tombant à ses genoux.

— Tu vois le mal partout ! » s'écriait-elle.

Elle éclatait alors en reproches, simulait des sanglots, renversait la vaisselle, entrait dans un état d'agitation et de fureur. Le nourrisson se réveillait et hurlait. La Bastide Blanche d'habitude si calme et tranquille devint peu à peu un enfer. Madeleine lui échappait, s'envolait de ce nid douillet, lui filait entre les doigts sans qu'il puisse la retenir. Impuissant, son orgueil mis à mal, Léon calma son chagrin dans la boisson, les copains, les jeux de cartes, et rentra de plus en plus tard à la ferme. Il trouvait Madeleine endormie et n'osait plus toucher ni caresser ni baiser l'épaule nue qui dépassait de la chemise de nuit, la nuque parfaite, ce corps brûlant qui ne demandait qu'à vibrer et à être aimé. Il passait des heures à la regarder sommeiller, à regretter ses altercations, à vouloir lui demander pardon, mais il n'en avait plus la force. La couche se refroidissait à en être glacée tel un abîme nuptial. Alors Léon se tournait de l'autre côté et pleurait des larmes d'abandon.

Un après-midi de septembre, il rentra plus tôt qu'à l'accoutumée d'une coupe de bois à la Moulinière. Les gémissements qui attirèrent son attention et montaient de la grange à foin ne le trompèrent point. Des sons ivres, proches du hurlement, jaillissaient de la gorge de son épouse, des cris de plaisir qu'il n'avait jamais entendus. Madeleine se donnait à Edmond. Madeleine en transe vibrait aux attouchements, aux assauts de l'ouvrier et atteignit l'extase qu'il n'avait jamais su lui offrir. Léon, humilié, meurtri dans sa virilité et sa dignité, fomenta un plan diabolique avec son beau-frère Fernand Daumas. Un beau matin, le bel Edmond disparut bel et bien ainsi que la diabolique Madeleine. L'exploitation se réduisit à sa plus simple expression. Julien et Amélie Philibert, ses plus proches relations, furent aussi éconduits, le contrat de la coopérative rompu du jour au lendemain. Durant des années, Barlet ne fréquenta ni le bistrot ni le village. Il rendait seulement de rares visites à Fernand Daumas. La Bastide Blanche était si loin que l'on ne se préoccupa jamais du sort des tourtereaux. La rumeur établit qu'ils avaient fui vers un éden propice aux marivaudages. Marius Belli ne fit pas cas du drame et laissa Léon Barlet se débattre dans les arcanes d'une détresse invivable.

L'homme se transforma en un être pétri de méchanceté. Il se mit à haïr les femmes, leurs promesses, leurs roucoulements insidieux, à se méfier des étrangers, à refouler les journaliers en quête d'embauche. Il fallut à Julien Philibert des mois pour se rabibocher avec son ancien associé afin qu'il ne se laisse pas aller et qu'il reprenne un semblant d'activité.

« Tu ne peux pas rester dans cet état ! Tu as un fils, il faut l'élever !

— C'est ça, j'ai un fils ! » grondait-il méprisant.

Sa rancœur ne s'estompait pas. Il portait en lui une souffrance extrême et se mit à douter que Rémy soit vraiment son enfant. Alors il l'humiliait, le punissait, se vengeait et trouvait à chaque fois les justifications à propos. Le gamin subissait sans broncher, se cachait, fuguait et retournait à la bastide lorsque Léon, complètement ivre, ronflait, couché sur la table. Jamais il ne dénonça son père, jamais il ne se confia à Julien ou à Amélie.

Ne pouvant assumer seul les tâches de la ferme et s'occuper de Rémy, Barlet ramena de Saint-Auban Alberte, une cousine un peu simplette dont les parents voulaient à tout prix se débarrasser. « Une bouche de moins à nourrir ! » avaient-ils dit. Un plateau de fromages de chèvre, un sac de maïs en échange avaient conclu l'affaire. Puis le temps aidant on revit Barlet sur la place, parfois à la messe et au café des Chasseurs.

— Patiente, dans peu de temps, tout va changer, nous deviendrons les chefs ! Nous posséderons le pouvoir ! Nous rétablirons à notre façon l'ordre dans cette société de maquignons et de branquignols ! Et là le minuscule maître d'école… j'en fais mon affaire ! annonça Fernand Daumas.

17

En cette fin du mois de février 1940, les villages se vidaient de leur jeunesse et d'une main-d'œuvre vitale. Les campagnes se désertifiaient. Les terres ressemblaient à des mausolées inutiles livrés au chiendent et à l'abandon. Les réservistes, un maigre ballot sur l'épaule, rejoignaient les centres de mobilisation souvent éloignés des zones rurales. Il fallait plusieurs jours de marche pour répondre aux convocations. Ils laissaient dans leur dos leurs racines, larguaient leurs attaches et s'effaçaient dans les chemins avec amertume et regrets pour un avenir qui ne leur appartenait plus. Certains insouciants chantaient déjà un retour victorieux. Les conscrits qui tentaient de se dérober à l'appel étaient pourchassés par les gendarmes et envoyés sous bonne escorte vers les régiments disciplinaires. Une épée de Damoclès se balançait dangereusement sur un monde dérisoire. Malgré l'évidence du conflit, élus et habitants ne comprenaient pas pour quelles raisons les autorités maintenaient dans les casernes des millions d'individus utiles à l'économie et la prospérité de la nation. La « drôle de guerre », où les antagonistes s'observaient derrière les casemates et les ouvrages fortifiés de la ligne Maginot – de la frontière suisse aux Ardennes –, était incompréhensible pour les simples citoyens et les agriculteurs du haut pays niçois. Le front restait désespérément vide. La plupart pensaient qu'il fallait mettre un terme à cette mascarade. L'armée française n'était-elle pas la meilleure au monde ? Ne possédait-elle pas une puissance navale écrasante ? Une aviation hors pair ? Une infanterie et des chars indestructibles ? Les services préfectoraux préparaient l'évacuation des populations frontalières. Déjà sans aucun préavis, les bergers des vacheries de Chastillon, les propriétaires des châtaigneraies d'Isola étaient expulsés, leurs exploitations devenaient un terrain militaire. Il en était de même pour les habitants des vallées de la Tinée et de la Vésubie. Les exercices d'alerte initiés par les chasseurs alpins aux Granges de la Brasque, Breil et Beuil se multipliaient et la défense passive équipait les gens de masques à gaz. On collectait la ferraille par annonces journalistiques, restreignait l'éclairage public, disposait des sacs de sable sur le toit des immeubles, ôtait des greniers tout produit inflammable. A Nice et Cannes, la préfecture distribuait les tickets de rationnement. Les denrées telles que le café, la viande, le beurre se raréfiaient. Dans le haut pays grassois, les parfumeries végétaient. L'industrie agroalimentaire était moribonde. Pendant ce temps-là, les veuves et les orphelins de la Grande Guerre, le chapelet au bout des doigts, passaient leurs journées à prier.

L'aube qui se levait sur les crêtes de l'Audibergue détenait la pâleur des jours maussades. Les champs reprenaient une respiration frileuse. Le froid contractait les sillons, mais ce n'était pas le gel tenace de l'hiver. Le ciel était grisâtre comme seul il sait l'être quand il refuse le soleil. L'œil rivé aux lacets de la route, on attendait les nouvelles d'un univers vacillant. Le moindre frisson du feuillage, l'ondulation des futaies, les ombres mouvantes à l'orée des clairières, les bruits inhabituels alertaient l'observateur.

Un coup de vent fit claquer la porte principale. Les écoliers rentraient un par un dans la classe. Près du poêle, Louis et Crucus palabraient. Se saluer et boire un café avant d'attaquer la journée devint un rituel amical. Leurs visages détendus, néanmoins graves, prouvaient qu'une certaine complicité soudait à présent les deux hommes. Louis permit à ceux qui préparaient la confirmation puis la communion privée de rejoindre le giron du curé avant la fin des cours. Il leur octroya en outre l'autorisation de s'absenter deux jours afin de satisfaire à la retraite. Marcel, un peu forcé, avait de nouveau revêtu l'aube rouge d'enfant de chœur, mais Rémy résistait aux appels pressants de la foi. Tout se remettait en ordre, en équilibre dans le fragile environnement de Castelroche.

Le maître tapa deux fois dans les mains et sollicita le silence. Il donna aux préparatoires une série de frises géométriques à exécuter avec le double décimètre ainsi qu'une image à observer sur laquelle ils devaient noter les couleurs et les formes correspondant aux objets dessinés. Une fois la section à l'ouvrage, il inscrivit au tableau : *Noël. Racontez une journée de vacances avec vos parents*, et, s'adressant au reste de la classe :

— Ecrivez le sujet de rédaction sur le cahier. Soulignez le titre au crayon rouge et laissez une marge. Surtout, afin d'éviter les ratures, composez au brouillon et, lorsque vous recopierez, soignez l'écriture. Les jumeaux des Amphons, je ne veux pas la même rédaction, compris ? Faites marcher votre cervelle et le résultat sera là !

— Tu feras le début, moi la fin, avança le plus dégourdi.

— Non, l'inverse ! répliqua le second.

Adrien poussa du coude Rémy. Les images, les livres, les souvenirs prirent la force et la démesure des bons moments vécus, des espérances réalisées. Il se tourna vers Marcel :

— Si on racontait le jour de Noël que nous avons passé tous les trois ?

Les chevaliers de Saint-Hubert se mirent aussitôt au travail, la tête basse, ne fixant plus que la feuille blanche. Adrien tira la langue sur le côté, fronça le front, ajusta la plume sur la première ligne du cahier et le texte coula tout seul, comme s'il l'avait appris par cœur. Un froissement de gorge, un toussotement, le tic-tac de l'horloge, le crépitement des bûches, le grattement régulier des plumes sur le papier irisèrent la pièce d'une atmosphère studieuse.

— Plus que trois minutes ! annonça le maître.

— Déjà ? ronchonnèrent les trois compères.

Juste le temps de recopier la dernière phrase, Louis ramassa les devoirs et Rémy sonna la récréation.

Dans la quiétude d'une paisible soirée, étendu sur le lit, un café et une cigarette l'accompagnant, Louis feuilleta les cahiers du jour avec la ferme intention de s'attaquer, après une première lecture, aux corrections de la rédaction. Les écrits s'avéraient sincères, emplis d'une joie subtile. L'art d'observer, de raisonner démontrait un sens inné du réel et de l'imaginaire. Le maître allait d'étonnement en surprise, pénétrait dans l'intimité de chacun, revenait à des suppositions plus sensées. Des phrases d'espérance, naïves, simples comme le bon pain, surgissaient à la lecture. Sans pudeur, sans retenue, avec la profondeur des sentiments enfantins, ils narraient la vie quotidienne, l'admiration qu'ils portaient à leurs parents, avouaient les rituels, les superstitions, décrivaient leur attachement au sol natal où leurs repères étaient parfaitement gravés. Des moments d'évasion, de douceur, ils n'en connaissaient guère, mais se satisfaisaient des modestes présents que la nature leur confiait. Leurs regards limpides étaient posés sur l'humilité, sur les choses si évidentes qu'un promeneur ne pouvait voir, ni ressentir s'il n'avait pas mêlé une partie de son existence à ces paysans... La brique réchauffait le lit avant de se coucher. Les écorces d'orange sur le poêle parfumaient la maisonnée. Le chien se glissait entre les draps, soupirant un bien-être animal. Le père passait ses journées à aiguiser, ranger les outils, traîner ses guêtres l'âme en peine dans l'atelier en attendant on ne sait quoi. La mère œuvrait devant les fourneaux, son visage à peine ridé montrant une bonne humeur constante malgré les tâches exténuantes d'un destin de montagnard. Le velouté de la soupe de légumes embaumait la cuisine et les escaliers. Après le dîner, d'interminables heures s'écoulaient devant la cheminée où les sarments se tordaient et craquaient, et les volutes de fumée s'engouffraient dans le conduit noir de suie. Le chat pelotonné sur les genoux, on grignotait des châtaignes et dégustait des raisins secs. Lorsque la chaleur devenait insupportable, les vieux retournaient la chaise et se collaient le dos contre l'âtre, ainsi de suite jusqu'au coucher. Parfois, le bouchon de la bouteille de piquette sautait tout seul, alors ils pensaient que le fantôme du grand-père avait soif...

Les récits entraînèrent Louis dans une contrée où chaque sentier portait un surnom, où les oratoires délimitaient les propriétés et orientaient les itinéraires, où les frondaisons de myrtes bordaient les parcelles de terre cultivables, où les rigoles irriguaient d'étonnantes galéjades, où les rochers blêmes annonçaient les fondations de l'Audibergue. Il suivit les enfants dans les ruelles mystérieuses du village, emprunta des escaliers sans fin, se cacha sous les porches extravagants, détint le mystère de l'invention onirique. Louis fouilla dans un grenier, sous les yeux ronds et maquillés d'une hulotte, des coffres aux secrets jalousement renfermés. Il grimpa l'échelle de bois d'une grange, sauta sur des remparts invisibles, but à des sources si pures qu'elles se tarissaient à la lumière du jour. Il admira la gueule triangulaire, les flancs évidés, les oreilles pointues perpétuellement agitées de sursauts rapides, la sveltesse de Goupil. A l'affût d'un perdreau ou d'une proie à la chair fine, le renard ferma et rouvrit les paupières, avança le museau pour capter les bruits, renifla l'air par saccades, découvrit ses dents acérées et bondit sur sa victime. Louis laissa échapper de ses doigts son crayon. Il ne corrigea plus les fautes, la syntaxe ou la ponctuation. Il voyageait dans un feu d'artifice d'idées, d'espérances et d'amusements partagés. Il cheminait dans ces contes comme dans une légende endormie.

Les jumeaux des Amphons avaient suivi à la lettre les consignes. Louis, le bras et le coude endoloris, tira l'oreiller sous sa nuque et changea de position. Les commentaires prenaient un aspect différent. Aux textes lents et feutrés s'opposaient la vivacité et la nervosité d'une partie de chasse le lendemain du réveillon. L'écriture se développait dans une logique toute naturelle et vécue.

« Ce matin-là, nous étions partis très tôt vers les aplombs de Cabrière, car les mouflons se piègent à l'aube. Pour atteindre le pied des falaises, il nous fallait au moins trois heures de marche avec de bonnes chaussures et un casse-croûte copieux. Un grand bol de lait brûlant avec du miel et une goutte d'eau-de-vie et nous voilà partis. Il faisait nuit noire. Pas une étoile n'éclairait la forêt. Papa menait la file, une lanterne à la main dont la lueur orangée tremblait comme un feu follet sur une tombe. Nous avions à peine grimpé les premières rocailles du vallon de la Colle, quand on remarqua des traces fraîches : deux pointes par sabot enfoncées dans la poudreuse ! La bestiole était descendue s'abreuver au ruisseau. Le père nous demanda de rester en retrait. Il ôta le fusil de l'épaule et arma les chiens. On avançait à pas de Sioux, chaque pied dans les traces de l'autre. Interdit d'éternuer ou de tousser. On ne pouvait ni nous voir ni nous entendre. Le vent était en notre faveur. Quand papa levait le bras, on s'aplatissait dans les buissons. Puis, au signal, on repartait. Des touffes de poil accrochées aux pins, des pétoles, confirmèrent que c'était un gros mâle bien cornu… »

L'aisance descriptive, le choix des mots et des métaphores se ressentaient comme une nécessité de raconter. Un faiseur d'histoires, cela ne m'étonne pas de lui… pensa Louis. L'émotion donnait un ton superbe à la narration. Les détails fort à propos ajoutaient une élégance à la prose.

— Si le deuxième est aussi doué que son frère… marmonna-t-il.

Le cahier suivant l'emporta sans aucun ménagement au cœur de l'action, sans fioriture ni excès puérils.

« … On s'est laissés glisser dans l'aven de Bel Air. Mon frère se gelait les fesses car une lame de silex déchira son pantalon. Mon père ajusta la mire. Deux cornes enroulées dépassaient d'un baou. Il fallait juste que le bouquetin lève les sourcils pour qu'une balle en plein front le chope. Soudain on entendit un refrain. Furieux, le doigt crispé sur la détente, le paternel tourna la tête dans tous les sens. Mais qui pouvait bien chanter à cette heure-ci dans les falaises de Cabrière ? Une deuxième voix s'ajouta à la première, plus claire. Elle ressemblait à la voix d'une fillette comme Margot. Elles se rapprochaient lentement, les voix tapaient contre les falaises, résonnaient de plus en plus fort, nous assourdissaient. L'écho nous donnait la chair de poule. Le soleil n'avait pas encore dégorgé ses couleurs. On respirait entre la nuit et le jour et surtout on se gelait. Mon père, inquiet, hésita puis nous ordonna de rebrousser chemin et de rentrer aux Amphons. Il nous fit jurer de n'en parler à personne, surtout pas à notre mère... »

— Deux voix ! Des chants dans la montagne ! Des voix de femmes ! s'écria Louis.

Il se releva d'un bond et marcha dans la chambre. Les silhouettes le matin de son arrivée qui se dirigeaient vers le cimetière, puis ce fameux soir devant le café des Chasseurs où il les avait aperçues allant vers la chapelle ! Les questions sans réponses, le mutisme aveugle, les sous-entendus lui revinrent d'un coup tel un vacarme que l'on veut étouffer.

Des grattements furtifs à la porte interrompirent les méditations de Louis. Colette entra, éteignit la lampe, ôta son châle et vint contre lui.

— Tu as l'air bien soucieux ?

Il se déroba à son étreinte. Les bras ballants, le regard dans le vague, il épela une par une ses constatations, prenant Colette à témoin.

— Ici, on me cache quelque chose ! Je ne sais pas quoi, mais je le découvrirai un jour ou l'autre ! Fais-moi confiance !

— Tu m'ennuies avec tes suppositions idiotes !

— La vérité fait donc si mal !

Louis secoua son amante par les épaules, lui adressant un regard inquisiteur qui la glaça.

— Enfonce-toi ceci dans ta petite cervelle de moineau ! Tant que je n'aurai pas trouvé, je ne vivrai pas en paix !

Colette dévala les escaliers et courut dans la rue Principale vers le bistrot. Elle frôla une ombre rencognée sous un porche.

18

« Six pèlerins venant de Rome se dirigeaient vers Digne puis Gap afin de rejoindre les Alpes et l'hospice du Grand-Saint-Bernard, ultime but de leur pèlerinage. Le passage par Castelroche et la chaîne de l'Audibergue était obligatoire si l'on voulait emprunter l'itinéraire le plus court mais aussi le plus risqué. Les moines, habitués aux épreuves et à la dureté imposée par leurs vœux, marchaient tout en priant et ne se nourrissaient que de ce qu'ils trouvaient en route. Parfois, ils bénéficiaient de l'aumône d'un fermier et se reposaient dans la paille des granges. Nu-pieds dans leurs sandales, la robe de bure et une cape de berger sur le dos, ils cheminaient ainsi, offrant leurs souffrances au Seigneur. Le plafond était bas, le ciel bouché, la montagne enveloppée d'un brouillard compact. Aucun obstacle n'arrêtait la ferveur de ces six religieux qui malgré les conseils des gens de la vallée continuèrent ce périple. La foi portait leurs maigres jambes. Ils piquèrent droit sur l'aven des Ténèbres puis obliquèrent vers le Grand Combeau, mais jamais ne ressortirent sur les flancs nord et les sentiers praticables. Ils furent vaincus par leur témérité, leur croyance, leur idéal. C'est alors qu'apparut sur les rochers de Cabrière, revêtu de ses ornements sacerdotaux, saint Antoine. Il demeura longtemps sous un halo de lumière intense et, disait-on, laissa dans une grotte une musette remplie de pain, une fiole d'huile ainsi qu'un fagot de bois afin que les égarés puissent se restaurer et se chauffer.

Le printemps venu, les Castelrochois fouillèrent la montagne mais ne retrouvèrent pas les corps des pieuses victimes. L'Audibergue les avait retenus dans ses entrailles. L'Audibergue les avait dévorés. Depuis cette époque, le Grand Combeau demeure maudit et père de tous les maléfices. On l'évite, le contourne et, par mauvais temps, lorsque l'orage tape sur les crêtes, on peut entendre les cantiques des six pèlerins qui ressuscitent. Par superstition et pour calmer les esprits, les villageois édifièrent la chapelle Saint-Antoine en bordure du cimetière. »

Louis referma le manuscrit et le rendit à Ignace Crucus qui aussitôt l'enroula d'un tissu et le cacha dans la bibliothèque de la sacristie. Marius Belli ne disait mot et semblait relativement tourmenté.

— D'où tenez-vous ce document ?

— Depuis des siècles chaque prêtre le confie à son successeur.

— Se peut-il que l'on puisse vivre là-haut ? demanda le maître.

— Sous deux ou trois mètres de neige ? Impossible ! Mon jeune ami, vous avez l'imagination débordante. Peut-on croire à ces légendes qui peuplent les contrées ? Nous ne sommes plus au Moyen Age ! Il y a des choses plus graves !

— Si quelqu'un veut se cacher... quelqu'un qui a dû fuir... ou bien que l'on a forcé à s'exiler...

— Tout est possible si Dieu le veut, ironisa le curé en se signant.

— Que diantre irait-il faire au plateau, tout le village serait au courant et moi en premier ! s'emporta Marius Belli.

— Imaginons, mais ce n'est qu'une hypothèse, qu'une personne dérangeante pour les mœurs de la population, répudiée et bannie au Grand Combeau, ait pu survivre durant des années. Imaginons que les gens se doutent de sa présence mais qu'ils la considèrent comme disparue parce que cela perturbe leur tranquillité et leur moralité...

— Impossible, monsieur l'instituteur ! Et d'abord pourquoi rester là-haut alors que tant de fermes, de cabanons, de granges disséminés sur le territoire sont habitables ? Qu'est-ce donc que toutes ces questions ? Où voulez-vous en venir ?

— Je réfléchis, tout simplement...

Le maire, dans un geste de désolation et d'impuissance, laissa lourdement tomber ses bras sur la couture du pantalon.

— Décidément, vous êtes plus têtu qu'une mule !

La lecture à haute voix que fit Louis combla de satisfaction les écoliers. Le devoir des jumeaux intrigua les chevaliers de Saint-Hubert. Le cœur de Marcel se mit à battre fortement et lui revinrent en mémoire les soirées où monsieur Louis se confiait à sa mère. Rémy surmontait mal un terrible malaise. Le Grand Combeau représentait pour lui l'interdiction suprême. Adrien sur le qui-vive se mordillait le coin des lèvres. L'image d'une cabane dressée sur le plateau, à peine dissimulée par le contre-jour et une haie d'épineux, habitée par des sorcières ou des êtres fabuleux caressa son imagination. Des chants... au petit matin... des voix de cristal, envoûtantes, rebondissant de parois en crêtes, surgissant des grottes, plongeant dans les cascades qui suivent le cours de la rivière...

Louis Rosenberg, alerté par le comportement des trois gars, ne réagit pas tout de suite. Il les guigna en coin, puis reprit le cours de la classe. Petit à petit il tirait les fils d'une pelote bien emmêlée, sondait le mutisme d'un épais mystère. Il cherchait quelque chose, mais quoi ? Devait-il prendre au sérieux son imagination, au risque de passer pour un original ou, pire, un fou ? Toute supposition se révélait fascinante. A Castelroche, on savait, mais personne ne libérait sa conscience scellée par une alliance diabolique. Crucus n'enfreindrait pas le secret de la confession. Le maire, garant de l'ordre de sa communauté, ne fléchirait pas. La délicieuse Colette toujours à l'écoute des ragots de comptoir détournait systématiquement les questions, se jouait de sa faiblesse, attisait ses pulsions au profit d'espérances charnelles. Et les enfants... Pouvaient-ils avoir surpris des apartés ? Qu'est-ce que ce village détenait en son sein le plus intime ? Il n'en fallait pas plus pour que l'esprit de Louis redouble de vigilance.

Quand arriva la récréation de dix heures, les chevaliers de Saint-Hubert restèrent en classe et entamèrent un conciliabule serré. Les indices étaient consciencieusement notés sur une feuille à carreaux par Adrien. Les révélations de Marcel, les réticences de Rémy, les sous-entendus des parents, enfin la description des jumeaux mirent en évidence que le plateau renfermait un secret qu'ils devaient absolument élucider. Par la fenêtre, Adrien dévisagea durant quelques secondes l'Audibergue.

— Il faut aller voir là-haut ! murmura-t-il en mordillant le crayon.

— Au Grand Combeau ! s'exclama Rémy.

— Oui, au Grand Combeau, rétorqua sèchement Adrien, et dès ce jeudi !

— Mais... mon père !

— Ton père, toujours ton père ! s'énerva Adrien.

Rémy eut de la peine à retenir des larmes. Adrien comprit son calvaire mais ne se départit pas de son rôle de chef. Ce n'est qu'en brusquant son camarade qu'il le mettrait face à ses responsabilités.

— Fais-tu partie de notre bande ou pas ?

— Si ma mère sait la moitié du quart des bêtises, elle me tue ! renifla le gros Marcel.

— Alors, tu te décides ? reprit Adrien.

Rémy, les yeux rougis, céda et le rendez-vous fut pris dès le lendemain matin, à l'aube.

Adrien passa le repas sans trop parler, perdu dans ses pensées. Il ne souhaitait pas éveiller les soupçons d'Amélie et de Julien, car s'attaquer aux contreforts de l'Audibergue en cette saison lui aurait valu certainement une interdiction. Aux questions, il répondait en restant vague et ne prolongeait pas les conversations. Cela intrigua Amélie car son fiston avait l'habitude de s'enthousiasmer sur le moindre sujet, de s'emporter dans des projets utopiques, d'entraîner son père et sa mère dans de longues divagations où l'aventure était synonyme de réalité. Amélie chercha dans la mine renfrognée de Julien une réponse à son malaise.

— Crois-tu qu'il est bien, le petit ?

Julien fit la moue.

— Ne te mets pas martel en tête. A son âge, il y a des hauts et des bas... Faudra qu'on s'y habitue !

— On a fait quelque chose qu'il ne fallait pas ? bégaya Amélie. Je ne l'ai jamais vu dans cet état !

— Peut-être il nous couve quelque chose...

— Il m'a prévenu que demain matin il partait avec Rémy et Marcel vers Cabrière !

— Je commence à comprendre, sourit Julien. Le petit homme a besoin d'aventure et de sensations !

Cette nuit-là, le garçon dormit très mal. Sa mère l'entendit s'agiter dans son lit, cauchemarder. Plusieurs fois elle se leva afin de vérifier qu'il n'avait pas de fièvre. Elle lui posa un gant mouillé sur le front et resta assise sur une chaise en tenant serrée la main de son enfant.

Le soleil dépassait à peine la ligne de crête lorsque des ruines du Cafard ils entamèrent l'interminable montée vers les falaises. Une odeur de terre trempée, d'herbe pourrie, de feuilles pétrifiées montait des pâturages. Un ciel bas et humide pesait sur les toits des maisons qui devenaient minuscules au fur et à mesure de l'ascension. Les buissons de genêts croulaient sous le poids des gouttes d'eau. Adrien ouvrait la route. Son bâton claquait sur les pierres. Derrière, Rémy et Marcel suivaient, posant leurs semelles dans les empreintes du meneur. L'air frisquet pénétrait dans les vêtements. Lors d'étroits passages argileux, ils pataugeaient jusqu'aux chevilles dans une gadoue collante qui mouillait leurs chaussettes. Sur les cimes, des courants ascendants projetaient à la verticale des spirales de poudreuse qui s'enroulaient comme une écharpe diabolique autour de l'échancrure des arêtes. Ils s'engagèrent dans une cavée empierrée qui longeait une clairière bistrée de sombre. Un vol de corneilles rasa leur tignasse. Après un dernier lacet, la sente se terminait au pied d'un chêne centenaire. En contrebas la rivière trimballait les eaux écumantes de la fonte des neiges. Des amas de branchages, de troncs, de racines bouchaient les cluses et provoquaient des retenues naturelles Dans les siphons, un bouillonnement aspirant projetait une fleur d'écume blanche sur les parois irisées de prismes aux reflets violacés.

— Si on cale là-dedans, on ne risque pas de s'en sortir ! annonça Marcel avec une moue connaisseuse.

— Et pourquoi tomber ? s'étonna Rémy en reculant d'un pas.

Adrien désigna avec son bâton le début de Cabrière et lança :

— Maintenant, tout droit.

L'escalade des pierriers ne fut pas une mince affaire. Les blocs glissants, entrecoupés d'efflorescences de glace, n'offraient aucune prise. Ils posaient les pieds sur des recoins friables, les mains à plat sur les dalles à la recherche des adhérences. Mais les souliers ferrés n'accrochaient pas au sol. Parfois ils avançaient d'un pas et reculaient de trois par un dérapage sur le ventre et, sans renoncer, recommençaient aussitôt.

— On l'aura cette putain de montagne, je vous le garantis mes amis ! gueula Adrien.

Les engelures picotaient le bout des doigts et ils soufflaient l'haleine chaude, calmant ainsi les brûlures. Une bonne heure de grimpette en serrant les dents et sur les coups de midi, ils arrivèrent au faîte d'un surplomb. Ils étaient encore loin, très loin de leur but. Le temps de se désaltérer à la gourde, ils s'aperçurent que le terrain s'enfonçait en une sorte de faille sinueuse et remontait de l'autre bord par une levée de rocs noirs parfaitement ronds. Personne ne semblait avoir franchi cette frontière depuis des lustres, personne n'avait dérangé une seule pierre, foulé un raidillon ou arraché une fleur. Un lieu immaculé, vierge de toute souillure, s'étalait devant eux et leur proposait des obstacles extravagants.

— Si on avait une corde ! annonça Marcel.

— Tout n'est pas perdu, lui répondit Adrien.

Le garçon, mû par une exaltation qui le submergeait, parcourut l'arête du glacis, scruta la pente d'éboulis qui fuyait vers l'ubac, chercha le passage le moins risqué.

— Tu vois bien qu'on est bloqués et que l'on ne peut plus avancer, râla Rémy. On ne peut pas rentrer la nuit tombée, c'est trop casse-gueule ! On reviendra un autre jour !

— Pour une fois, ajouta Marcel, je suis de son avis !

Adrien se retourna furieux vers ses camarades.

— Je ne vous retiens pas ! Vous êtes libres de partir quand vous voulez. Mais n'oubliez pas : une promesse est une promesse !

Ne voulant pas faire mauvaise figure, Rémy et Marcel abdiquèrent une fois de plus devant leur chef. Ils prirent par la gauche, se collant au plus près du dévers et, sur les fesses, descendirent la partie inclinée face au vide. Ils se retenaient aux buissons, aux saillies, se laissaient glisser vers le fond du vallon. La montée fut moins pénible qu'impressionnante. Ils se calaient sur les ressauts schisteux, sautaient les successions de blocs tels des cabris, avalaient les difficultés avec l'aisance des montagnards qu'ils étaient. Au sommet, leur ardeur fut stoppée net. Bloqué sur une large terrasse au pied d'un rempart de roche et de neige, ils ne purent plus avancer. La falaise de Cabrière : une corne parfaite qui emprisonnait les arêtes et le plateau du Grand Combeau.

— On est bien avancés ! se désola Rémy.

Adrien hurla de dépit, puis lentement reprit sa lucidité.

— Vous aviez peut-être raison !

Arrivé si près de son objectif et battu à plate couture, le chevalier de Saint-Hubert avait du mal à digérer sa défaite. Des piliers de calcaire se tendaient sur sa tête et le narguaient de toute leur majesté.

— Il doit y avoir un passage quelque part, un souterrain, une grotte qui monte là-haut, j'en suis sûr, dit Adrien en parcourant des yeux la muraille.

19

Visiblement contrarié, Julien faisait grise mine. Son garçon avait pris trop de risques et entraîné ses camarades dans une aventure qui aurait pu tourner au vinaigre. Malgré les interventions d'Amélie qui tentait de calmer son époux, celui-ci ne décolérait pas.

— Je m'excuse, papa... dit Adrien avec des yeux d'épagneul battu.

— Tu t'excuses... As-tu pensé à l'accident ? Que serions-nous devenus ta mère et moi ?

Adrien, ébranlé et conscient de son erreur, se jeta dans ses bras.

— Jamais personne ne monte par cette face en plein hiver !

— Les jumeaux des Amphons sont bien allés chasser avec leur père là-haut ! dit-il avec des larmes dans la voix.

— Ils ne sont pas passés par là ! Ils ont contourné le bois de Biron ! Le sentier est aussi large qu'une départementale ! Enfin Adrien, tu aurais dû me demander conseil !

— Tu m'en veux, papa ?

— Mais mon fils, la montagne doit s'apprivoiser. On ne se jette pas dans la gueule du loup la fleur au fusil ! En plus, j'ai raconté à Léon que Rémy était avec nous, ce qui lui a évité une trempe mémorable.

Ils restèrent longtemps serrés l'un contre l'autre. Julien savait ce qui hantait Adrien. Cabrière et le Grand Combeau l'attiraient comme un aimant. Ses questionnements abrupts, ses approches tactiques le mettaient parfois dans une position inconfortable. Le Grand Combeau, synonyme de malheur et de déchéance pour son ami Léon Barlet ! Pourtant les histoires de son ancien associé ne concernaient que lui, et Philibert n'avait pas à y fourrer son nez. A chacun ses soucis et les vaches seraient bien gardées ! Comment Adrien pouvait-il comprendre les bêtises sordides des grandes personnes ? Madeleine s'était enfuie avec Edmond son bellâtre, et ce que l'on racontait sur le plateau n'était que des foutaises de bonnes femmes qui avaient la langue bien pendue. Julien s'apaisa. Il n'adressa plus à Adrien reproches ou récriminations.

— Si tu veux à tout prix grimper là-haut, patiente un petit mois. Le printemps sera cette année en avance et la fonte des neiges prématurée. Je t'accompagnerai si tu le souhaites.

L'ascension du Grand Combeau n'était plus de circonstance et les pensées de victoire sur la montagne se diluèrent dans l'esprit d'Adrien. Il fallait mettre un grand coup de collier car la date du certificat d'études et de l'examen des bourses approchait à grande vitesse. Le maître barrait en rouge sur le calendrier les jours qui les séparaient de la terrible échéance. Le succès de cette épreuve auprès des familles était incontestable et la plupart en faisaient une question de prestige. Mais aussi la réputation de la commune et de son école était en jeu. Objet de fierté, ce diplôme sacralisait la réussite scolaire. Alors, Marcel, Adrien et Rémy redoublaient d'attention. Ils restaient en classe après la sonnerie, évitaient les récréations, révisaient l'histoire, la géographie, se lançaient dans des dictées aux pièges grammaticaux conséquents, composaient des rédactions au style alerte où parfois se glissaient des expressions niçoises ou provençales, ce qui provoquait d'intenses éclats de rire, s'acharnaient comme de beaux diables sur les exercices d'arithmétique. Lorsqu'ils butaient sur un problème, que les calculs devenaient aberrants, les totaux erronés, que le découragement les touchait dans leur envolée, Louis reprenait patiemment ses explications jusqu'à ce qu'ils sortent de l'impasse et dénouent les situations critiques.

— Relisez bien l'énoncé, avez-vous compris le sens du texte ? Que vous demande-t-on ? Ne vous précipitez pas, réfléchissez...

Rien ne pouvait stopper la boulimie d'apprendre des trois gaillards, même si leur esprit s'étourdissait.

— Si vous ratez le certificat, je mange un cochon et un agneau tout crus ! plaisantait Louis.

Pendant que le maître s'occupait des « fin d'étude », les autres sections s'attelaient à des activités imposées par le programme. Ils travaillaient seuls, en silence, et n'avaient pas le droit de se lever, de circuler entre les rangées sans autorisation, afin de ne pas déconcentrer les grands. Mais Louis ne délaissait pas pour autant le reste des écoliers qui le rappelaient à l'ordre si le rituel établi par l'organisation interne n'était pas respecté.

— Il me semble que l'éveil musical était un peu court ce matin, reprocha Margot.

— M'sieur, vous nous aviez promis la lecture de *Poupah l'éléphant*[1], boudaient les préparatoires.

1. André Demaison, Hachette, Bibliothèque verte.

— Vaut mieux *Michaël chien de cirque*[1], opposaient immédiatement les moyens, ça fait plus peur !

— Faudra pas sauter les informations à la radio... protestaient les jumeaux.

Louis, brocardé, succombant sous le poids des réprobations, se reprenait en main à la grande satisfaction de ce petit monde.

Les journées rallongeaient. Le printemps glissait insidieusement de doux rayons de soleil sur la campagne. Dès les mois de mars et d'avril, l'appel de la nature, des grands espaces se faisait pressant et les enfants ne s'y trompaient pas. Les parfums entêtants d'une végétation colorée tendrement de pastels, les jardins qui prenaient les « verdoisons » du printemps, les effluves d'une liberté extraordinaire s'immisçaient dans tous les pores de la peau et rendaient fébriles les âmes volages. Un ciel pur bordé d'étoiles, la brise du soir émoustillaient garçons et filles qui cherchaient des refuges secrets au creux des bottes de foin dans les granges. Adrien et Rémy montaient à la Bastide et à Saint-Hubert à pied, ce qui arrangeait Julien affairé aux semailles et autres tâches agricoles. Pièges à oiseaux, fronde tournante, lance-pierre, collet constituaient le harnachement des chevaliers. Adrien accrochait les prises à la ceinture et rentrait fièrement à la ferme. Il déposait lapereaux, cailles, sansonnets, mauvis[2], *rigaous*[3] sur la table et déclarait tout haut :

1. Jack London, Hachette, Bibliothèque verte.

2. Ou *quine* en patois. De taille plus petite que la grive, on reconnaît cet oiseau à son bec plus fin, aux deux raies de plumes blanches partant du bec, au duvet fauve. Son goût est plus fin que celui de la grive.

3. En patois, moineaux. Leur chasse est strictement interdite, mais la tradition veut qu'à Noël les dindes soient farcies avec ce fleuron de braconnage.

— Voilà pour aujourd'hui !

— T'es pas le fils de ton père pour rien ! répliquait alors Amélie.

Elle s'affairait aussitôt à plumer, à nettoyer, à vider, à saigner le produit du braconnage.

— Attention au garde quand même ! Nous on le connaît bien, mais on ne sait jamais ! Des fois qu'il soit de mauvaise humeur ou que le maire le mette au travail...

Courir les champs entre les jours de classe restait l'occupation première. Adrien découvrait une nouvelle saison, batifolait dans ces espaces immaculés pas encore envahis par les troupeaux ou les cultures. Il faisait ventre de baies vertes, buvait l'eau glacée des sources et ensuite se plaignait de maux d'estomac et de diarrhées carabinées.

Adrien et Rémy cavalaient d'un bon pas sur le chemin de l'école. La fraîcheur matinale revigorait leurs sens et ils emplissaient leurs poumons d'un air pur, presque brûlant. Les lueurs orangées s'étalant de l'Estérel à la Méditerranée illuminaient les coteaux boisés et les coupes de chênes. A l'orée du bois de Thiey, Adrien bloqua Rémy par le bras, lui fit signe de s'aplatir derrière un tas de cailloux. Il posa un doigt énigmatique sur les lèvres et poussa un long soupir.

— En bas ! chuchota-t-il.

Rémy leva vers son copain un visage estomaqué.

— Je vois rien !

— Mais si, ouvre donc tes mirettes !

— Diable, d'où sortent-elles ?

Deux silhouettes, celle d'une femme assez grande et légèrement voûtée, l'autre plus petite, d'une fillette certainement, passèrent derrière l'ombre étirée d'un châtaignier et se découvrirent dans les premiers lacets d'une veine roide bordée de buis et de fleurs de mars. Les gamins purent observer à discrétion leur cheminement vers les abords de Castelroche.

— Tu les as déjà vues ?

— Jamais, affirma Rémy.

— Tu en es sûr ?

Adrien fit une moue qui en disait long.

— Et si elles venaient de là-haut ? Si c'étaient les femmes aperçues par le maître ?

— Où tu vas chercher tout ça ?

— Elles prennent la direction du cimetière et de la chapelle Saint-Antoine !

Un bout de voile se levait sur un mystère épais. La certitude qu'il ne se trompait pas le rendait encore plus nerveux. Des gouttes de sueur baignèrent son front. Son excitation était à son comble. Adrien regarda au nord le pied des falaises et traça un trait imaginaire jusqu'au village. Celui-ci partait du bois de Biron, coupait les vallons de la Colle et de Saint-Martin et aboutissait au cimetière. Son cœur bondit dans sa poitrine. Julien avait raison, c'était bien par cet itinéraire qu'on accédait à Cabrière...

— Si on les suit, peut-être que l'on aura une réponse et nous découvrirons le passage qui mène au Grand Combeau !

Rémy constata qu'il lui était impossible de convaincre Adrien de laisser tomber son observation. Sourd à toute discussion, à l'arrêt tel un ratier, il fixait les deux points qui se déplaçaient en contrebas. Malgré tout, son camarade tenta de le tirer par la manche, mais il ne bougea pas. Rater la classe ne représentait pas la meilleure chose qui soit, surtout en ces moments de préparation à l'examen et de révisions.

— Toi, tu fais ce que tu veux, moi, je vais à l'école !

Adrien, d'un geste agacé, l'envoya paître.

— Et qu'est-ce que je vais dire au maître d'école ?

— La vérité, Rémy, simplement la vérité, il comprendra !

Le gamin ne demanda pas son reste. Il s'escampa en courant. Adrien resta seul, planté derrière le monticule.

Il se devait de les rattraper, voire les devancer, afin de satisfaire sa curiosité. Si elles n'étaient pas du village, elles venaient bien de quelque part ! Mais d'où ? Il serra les poings, dominant l'intense effervescence qui l'animait. Des dizaines de questions auxquelles il était incapable de répondre fusaient dans son esprit. Elles ne descendaient pas par des drailles praticables, mais longeaient les limites des campagnes, suivaient les clôtures, coupaient par des raccourcis creux que seuls des habitués connaissaient parfaitement.

Adrien se faufila sous des fils de fer et se laissa glisser sur le sol sablonneux jusqu'à un champ de mauvaises friches aux touffes de lavandes séchées. Il s'égratigna les genoux et les paumes. A découvert, il fonça derrière un muret de pierres sèches et reprit sa respiration. Elles étaient à une dizaine de mètres en amont. Il rampa vers une butte et sauta dans le fossé. Elles passèrent devant lui, se tenant la main, fredonnant un chant qui entraînait leur marche rapide. La première, aux cheveux argentés, aux yeux verts, profonds, avait un visage délicat mais un peu fané. Un front voilé de rides, un sourire figé inscrit sur ses fines lèvres portaient une douceur éternelle. Adrien frissonna. Il lui sembla que cette insolite personne était une femme du monde, issue d'un livre de contes, un être fantastique à l'habit de misère qui, d'un geste, d'une parole ou d'un regard, illumine sa route et les gens qu'elle y rencontre. Elle affichait une sérénité orgueilleuse, un désir de vivre éclatant. La seconde était une petite fille, maigrichonne, à l'habit dépenaillé, au manteau usé à la corde sur le dos. Une longue tresse blonde lui tombait derrière la nuque. Des boucles d'une clarté transparente jouaient sur son front. Elle savourait à grandes goulées la brise frisquette. Elle ne paraissait ni malheureuse ni triste, elle suivait seulement les enjambées de son guide. « La mère et la fille probablement », se dit Adrien.

Elles obliquèrent à la chapelle Saint-Antoine. Le portail du cimetière grinça. Les gravillons crissèrent. Elles se dirigèrent par l'allée centrale vers la fosse commune où l'herbe et le chiendent poussaient dru. Là, elles déposèrent des fleurs sur un tas de terre tassé, large comme une tombe, sans plaque ni indication, et prièrent. Adrien ne bougea pas et attendit qu'elles partent. Il ne les suivit pas. Bouleversé, il regarda fixement le bouquet sur la sommaire sépulture.

Adrien arriva essoufflé à l'école.

— Je pense que tu me dois des explications, lui annonça Louis Rosenberg.

20

Une leçon de choses sur le terrain, destinée uniquement aux « fin d'étude », fut le prétexte à une expédition soigneusement préparée par le maître d'école. Afin de ne pas pénaliser le reste de la classe, et ne pas éveiller les soupçons des parents, le jour de congé hebdomadaire fut à l'unanimité choisi. Le commando embarqua dans la camionnette de Louis : deux à l'arrière, dans la benne avec le matériel adéquat : sacs à dos, cordes, bâton et nourriture, et Adrien installé sur la banquette au côté du chauffeur. Par des chemins muletiers chaotiques, ils arrivèrent aux ruines de Bel Air. De là, ils entreprirent l'ascension en traversant la forêt de Biron jusqu'aux falaises de Cabrière. Louis examina attentivement la topographie du lieu, s'accroupit en plissant les paupières, recula, examina la carte. Une muraille fissurée, verticale avec peu d'aspérités, se dressait entière et dominante.

— Essayons par là ! dit Louis.

Ils suivirent sur quelques mètres une étroite bordure qui s'élargit en une corniche permettant le passage d'un individu. Une lame de rocher décollée de la paroi bloquait le défilé et ils durent faire demi-tour. En sens inverse, les escarpements présentaient des dièdres acérés, entrecoupés de surplombs. Louis s'arrêta, perplexe : si la femme et la fillette descendaient presque en ligne droite, par où passaient-elles ? Elles ne pouvaient utiliser ni longe, ni piton, ni accessoire d'alpiniste ! Alors par où ? Ces réflexions le menèrent vers un versant moins pentu, caché par un relief aigu. Ils dévalèrent une trentaine de mètres et s'assirent le dos contre un dôme de pierrailles.

— Adrien, aurais-tu une petite idée qui pourrait nous sortir de l'embarras ? demanda Louis.

— Pour le moment, pas plus que vous, m'sieur. Mais je parie la quête du curé qu'il doit y avoir un passage, j'en suis certain !

— Et toi, Rémy, qu'en penses-tu ?

— Sais pas, m'sieur…

— Il a une pétoche pas possible, se moqua Adrien.

— Pourquoi donc ?

— Si vous connaissiez son père…

— Les jumeaux ont entendu des chants, réfléchit tout haut Marcel. Le son devenait de plus en plus fort… peut-être, m'sieur, que ce n'était que l'écho qui rebondissait dans le vide !

Louis écarquilla les yeux. Bien sûr que Marcel avait raison ! L'écho… les jumeaux avaient perçu l'écho, amplifié par une grotte, une caverne, un siphon, une voûte… Ses élèves étaient vraiment formidables !

— Marcel, tu es un génie !

Une ouverture cachée par un tronc de mélèze rabougri et une pénombre constante se révéla alors que le soleil tournait. Une faille dont l'ouverture permettait le passage d'un homme debout se prolongeait par un boyau où il fallait se plier en deux pour passer. Au bout de quelques pas, il s'élargissait en une galerie scintillante d'éclats de schiste et de mousse trempée.

— Encordez-vous ! ordonna Louis.

Il dirigea le faisceau lumineux de la lampe de poche sur les côtés de la caverne aux murs parfaitement lisses. Ils ressentirent les ténèbres de l'abîme traverser de part en part leur corps.

— La trouée des moines ! avoua Louis.

— Des moines ? s'écrièrent les trois chevaliers.

— Je vous expliquerai dès notre retour.

Plus bas, un gouffre qui dans un grondement sourd et continuel entraînait une eau cristalline dans les alvéoles de la montagne. Çà et là, des grappes compactes de chauves-souris pendouillaient, bercées mollement par les courants d'air.

— La source de la Siagne, expliqua Marcel.

Ils s'enfoncèrent dans d'invisibles profondeurs. La faille se partagea en deux accès. Le premier bifurquait vers la gauche et était obturé par d'énormes blocs éboulés des plafonds. Le second s'estompait en amont vers une baume voûtée où les stalactites et les stalagmites s'entrecroisaient. La blancheur pure de la roche rendait le lieu féerique. Les cristaux projetaient des lumières striées sur les façades et renvoyaient des milliers d'étincelles. Ils plongeaient dans le merveilleux, le surnaturel, l'insoupçonnable.

— C'est drôle, je sens comme une odeur de brûlé, de soufre consumé, constata Adrien.

Leur étonnement fut de taille lorsque, plantées dans un interstice, ils découvrirent des torches dont la suie friable prouvait qu'elles avaient été fraîchement utilisées. Louis coupa la lampe. Leurs souffles étaient calmes et réguliers. Sous la terre, dans le ventre de l'Audibergue, sous la roche limpide, ils progressaient comme dans une pyramide transparente.

— Incroyable, murmurait Adrien à chaque pas.

La lueur diaphane les guida jusqu'à une sorte d'escalier taillé dans la pierre brute.

— Les matelots, j'ai comme l'impression que nous touchons au but !

Ils débouchèrent sur une vaste plaine et lancèrent un cri de triomphe qui résonna dans le gouffre et leur revint amplifié. A perte de vue, un territoire lunaire, une vaste étendue sans limites ni frontière ! Pas un arbre, pas un haut buisson, pas un vol d'oiseau, ni le coassement d'une troupe de corbeaux ou de corneilles ne troublait le mystère du lieu ! Une lourdeur oppressante planait sur ce monde perdu qui, amarres rompues, dérivait au gré de sa solitude. Une mer d'écume dans un silence absolu confondait nuages et horizon. Seule l'herbe maigre et rase, les plantes vivaces, les épineux couchés par le mistral rasant, quelques fougères rabougries peuplaient ce glacis désertique nuancé de noir et de mauve. Des rocs gris, aux formes arrondies, teints de vert sombre, érodés par la poussière de vent, trônaient de façon éparse, en des points parfaitement géométriques, comme s'ils avaient été délicatement posés sur un piédestal par une main divine.

Ils contemplèrent le spectacle d'une grandeur sauvage et imposante. Ils étaient des explorateurs qui plantaient leur fanion sur un inaccessible sommet.

Ils pensaient avoir mesuré l'ampleur du plateau quand un second espace plus ombré, protégé par une futaie de cèdres, cerné par le corps opaque d'un cirque mamelonné, se découpa dans les tourbillons glacés de l'air.

Une fumée blanche portant l'odeur du cade s'élevait en volutes blanches et serpentait mollement vers le sud. Leurs yeux s'habituèrent à la clarté de la lande ondulée. Ils se dirigèrent vers ce bosquet à pas de Sioux, sans se disperser, peu tranquilles, presque apeurés. Néanmoins, la présence du maître calmait un fourmillement désordonné de sensations montantes.

Elle avait remarqué depuis un bon quart d'heure le cortège d'enfants guidé par un adulte qui allait tout droit vers son repaire. Elle se tenait cachée derrière des broussailles. De prime abord, elle éprouva une colère noire. Puis elle eut envie de hurler, de terrifier les inopportuns qui dérangeaient et souillaient son domaine. Personne ne devait la voir, s'approcher d'elle et de sa fille, absolument personne... Elle fit une moue de dégoût, se crispa. Sa face à contre-jour s'éclaira des reflets de la prairie. D'un geste vif, elle remonta sa robe au-dessus des mollets, prit sa fille par la main, écarta les ronces, sauta une rigole et courut vers son refuge.

— Enferme-toi ! Surtout ne sors pas !

Les plaques de neige crissaient sous les semelles. Parfois, ils s'arrêtaient pour reprendre haleine, dévisageant ce spectacle à la fois hostile et grandiose. Depuis quelques secondes, Louis se sentait épié, comme si une présence les suivait ou les précédait. Il ralentit le pas. Soudain, sortie de nulle part, une femme dont le châle flottait dans la brise se dressa et leur barra le chemin. Ses cheveux dénoués glissaient sur ses reins. Une chaîne dorée tombait sur sa poitrine.

— C'est elle, glissa Adrien au maître

— Je la reconnais, souffla-t-il.

Elle avait des yeux en amande, des yeux de louve, vifs et brillants. Elle se tourna vers chacun d'eux comme pour les jauger. Elle sembla vouloir saisir tous les traits, deviner d'où ils venaient, qui ils étaient. Ils eurent du mal à s'arracher à la violence de ce regard. Elle érigeait avec son corps un rempart afin qu'ils ne franchissent pas les limites qu'elle autorisait.

— Toi et toi je vous connais, dit-elle en désignant Barlet et Marcel. Les autres vous n'êtes pas de ce pays ! Tant mieux pour vous ! dit-elle d'une voix de gorge ironique.

— Nous ne voulions pas vous déranger, s'excusa Louis.

— C'est fait. Je vous conseille de faire demi-tour et d'oublier ce que vous avez vu ici ! Ce territoire est mien ! Le pays de ceux qui refusent votre société de fantoches puants et hypocrites, la contrée des galeux, des pestiférés !

Le mépris suintait de ses lèvres fines et sinueuses. Les paroles de rage et d'une violence inattendue glacèrent la petite troupe. Louis tenta une ultime approche. Il ne voulut pas la brusquer. Il eut la sensation qu'un geste déplacé pouvait la faire disparaître.

— Nous ne sommes pas venus par hasard, madame, ni en ennemis, bien au contraire. Je suis Louis Rosenberg, le nouveau maître d'école de Castelroche, je désirerais simplement discuter amicalement avec vous, sans vous importuner. Si vous ne désirez pas répondre à mes questions, nous partirons, je vous le promets !

La femme se sentit embarrassée, perdue dans le flot de phrases que le maître débita d'un ton doux, paisible, pacifique, qui sema un certain désordre dans l'esprit de son interlocutrice. Nerveusement elle triturait, de ses doigts osseux, l'ourlet de sa blouse. Elle acceptait et rejetait à la fois la curiosité de ce prétentieux qui se mêlait de ce qui ne le regardait pas. Rémy se mit à trembler. Ses joues se vidèrent de leur sang. Ses jambes vacillèrent. Il tenta de se retenir à Marcel et chuta lourdement à terre, évanoui.

— Rémy !

Louis tapota la figure de son élève, lui versa le contenu de la gourde sur le crâne. Rémy, dans une semi-torpeur, ne se réveillait pas. Sa bouche s'entrouvrit et il lâcha faiblement :

— Elle... la femme...

Sa tête retomba sur le côté.

— Tout juste bon à lui faire attraper le mal ! Poussez-vous, bande de bons à rien !

Elle s'agenouilla à ses côtés. Le fichu glissa de sa nuque et découvrit ses maigres épaules. Elle tira d'une poche un flacon qu'elle dévissa et présenta sous les narines.

— A présent, il faut l'allonger au chaud. Suivez-moi !

Louis portait Rémy dans ses bras. Elle écarta un rideau de feuilles. La rumeur des bosquets souleva une odeur de menthe séchée. Une bâtisse, certainement un ancien jas, flanqué d'un enclos et d'un poulailler à l'apparence misérable, apparut. Une vache au mufle humide dont les mouches bourdonnaient autour des flancs et du pis, suivie par une chèvre, broutait paisiblement une botte de foin. Des poules picoraient sur un monceau de fumier. Un coq, les ailes écartées, perché sur un tas de bûches, s'agitait. Une horde de lapins gambadaient librement.

La femme tapa deux coups à la porte :

— Ouvre ! c'est moi, tu ne risques rien !

Une fillette apparut dans l'entrebâillement. Sa peau reflétait l'atmosphère revigorante du plateau. Ses joues étaient saupoudrées de taches de rousseur. Elle ne bougea pas, fixant d'un coup toute cette foule devant l'entrée. Elle demeura là, avec une présence de gamine précoce, presque mûre, à l'intelligence vive. Elle s'empourpra de la beauté des roses trémières et se recula tout au fond de la pièce, prête à sauter à la gorge de quiconque approcherait.

— Allongez-le sur le lit !

Elle le couvrit d'un édredon de plume.

— Alouette, attise le feu et ajoute une poignée de branches !

Les flammes bleuâtres crépitèrent de résine et d'essence. Les branches rougirent et charbonnèrent.

La femme posa un gant frais sur le front de Rémy et d'un geste lent lui caressa les tempes. Elle ferma les yeux, perdue dans un passé qui ressurgissait, un passé qu'elle désirait oublier, un passé sans pitié, sans ménagement qui sans cesse la ramenait vers de terribles souvenirs.

21

Masqué par l'extrémité nord du bosquet, le jas du Grand Combeau était ainsi parfaitement invisible. Une longue toiture en planches de mélèze racornies, des murs grossiers de parpaing agglomérés à un mélange de terre, de paille et de chaux se fondaient dans le profil du terrain. Cachée par des taillis et des lauzes, une source jaillissait dans une suite de conques. Des milliers d'araignées aux gigantesques pattes s'agitaient dans tous les sens. L'unique pièce au sol en terre battue donnait du côté de la basse-cour afin de profiter de la chaleur des bêtes. Un lit, une table et deux bancs, un large évier en pierre sous le fenestron constituaient l'humble mobilier. Des rideaux à carreaux blancs et bleus cachaient marmites et poêlons. Des tresses d'ail, d'oignons, de plantes séchées pendaient des solives. Sur une étagère, des flacons d'huile d'olive, des bocaux de légumes, des herbes pilées, des confitures et des boîtes d'allumettes. A côté du four à pain, un fagot de branchages et un sac de farine. Louis, ébahi par tant d'organisation et de simplicité, observait tout à la fois, tentait de comprendre leur façon d'exister, d'habiter dans ce lieu précaire.

— Que vous arrive-t-il ? lui demanda la femme.

— Tout ceci... Mais comment ?

— Mon pauvre monsieur, je constate que vous n'avez guère d'imagination ! L'été, les bergers de Castellane ou de Saint-Auban me rendent une petite visite et me laissent toujours quelques présents. Croyez-vous que nous ne sachions pas nous débrouiller ? Avant, l'ancien instituteur nous rendait des visites régulières, nous apportait des provisions et des livres. Un homme généreux... D'ailleurs Alouette sait lire, écrire, compter ! Et puis je ne l'ai plus vu. Les connaissant en bas, ils ont dû lui mener une vie d'enfer et le brave a certainement fui !

Rémy ressurgit des limbes profonds. Il tint la main de la femme contre lui et l'embrassa.

— Maintenant, il faut que vous vous en alliez, dit-elle.

— Je vous remercie, mais je manque à toutes mes obligations, je ne vous ai pas présenté mes élèves, les chevaliers comme ils se nomment : Marcel du café des Chasseurs, Adrien de la ferme Saint-Hubert et notre malade, Rémy de...

Elle le coupa.

— De la Bastide Blanche.

Elle devint blême, tenta d'escamoter un léger tremblement. Les souvenirs se recomposaient dans un désordre inhumain.

— Reviendras-tu peut-être un jour ?

— Je vous le promets ! répondit Rémy.

— Alors on se reverra...

— Oui, on se reverra.

Adrien commençait à tout saisir : les interdictions, les peurs, les menaces, les punitions, les coups de Léon Barlet... Rémy et le Grand Combeau... Rémy abandonné... Rémy et la femme... Le puzzle se reconstituait de façon très claire. Peut-être que la déesse du Plateau était... Il n'osa pas aller plus loin. Il prit son copain par l'épaule et le serra fort contre lui.

— Je suis heureux pour toi ! Mais pour le moment garde le plus grand silence.

— J'suis pas idiot !

Léon Barlet et Fernand Daumas, par un châtiment irrévocable, avaient obligé Madeleine à assister au supplice de son amant. Ensuite, ils avaient balancé la dépouille comme un chien dans un trou de la fosse commune et l'avaient recouverte de terre. La même nuit, les meurtriers l'avaient conduite au Grand Combeau avec l'interdiction de revenir au village, d'approcher la Bastide Blanche, de voir son fils. Ils pensaient que la drôlesse n'en aurait que pour quelques jours, une semaine tout au plus. Ils lui autorisaient un sursis afin qu'elle se repente de ses fautes. Mais c'était compter sans la force et le désir de survie de la pécheresse. Explorant le plateau, elle découvrit cet abri qu'elle occupa aussitôt et s'organisa afin de surmonter le froid et la faim. Madeleine n'avait qu'un espoir : vivre et mettre au monde l'enfant qu'elle attendait, le fruit d'Edmond.

Madeleine s'arrondissait au rythme des lunes et des saisons. Lorsque les dernières plaques de neige se dissipèrent, les premières fleurs percèrent l'herbe tendre et verte, les cascatelles furetèrent entre les mottes, elle délivra sa fille près d'une nichée d'alouettes.

— Alouette ! Je t'appellerai Alouette.

Elles restèrent longtemps allongées sous les premiers rayons de soleil, effaçant leurs douleurs. Madeleine serra le nouveau-né contre sa poitrine gonflée de lait. Elle lécha le visage de sa fille, les bras, les jambes, tout le corps, lava ses paupières avec ses larmes. Le bébé ouvrit les yeux et remua ses lèvres. Elle dégrafa son corsage et lui présenta un sein. Alouette suça maladroitement le téton rond et brun, hoqueta et s'endormit entre les deux mamelles. Madeleine berça sa chair au gré des souffles du Grand Combeau. Elle lui confessa longuement son existence, lui parla de son amour fou, du bel Edmond, puis se dirigea vers le haut des falaises de Cabrière et présenta sa fille nue à la vallée.

— Barlet et Daumas, voilà ma vengeance ! Vous pouvez crever ! La descendance d'Edmond de Cabris est assurée. Une fille qui portera son nom ! Tu m'entends, Barlet, une fille !

Puis elle tendit sa création vers le ciel :

— Mon Dieu, ne m'abandonnez pas !

Elle enroula Alouette dans une pèlerine de berger et rentra au jas. Dès lors, leur existence s'écoula loin du tumulte et de l'enfer. Alouette grandit. Alouette illumina le plateau.

Colette, dans une rage folle, toutes griffes dehors, s'en prenait vivement à Louis. L'excursion faisait grand bruit dans le village et certaines langues commençaient à se délier. Les cancans circulaient à pleine rue, du lavoir au parvis de l'église, de la fontaine à l'épicerie, du café des Chasseurs à la mairie, et parvinrent aux oreilles de Daumas.

— Tu les as emmenés là-haut !

— Et après ! Que vas-tu imaginer ? On est tombés sur elles par hasard ! Nous voulions étudier le relief du plateau et des falaises… qui sont d'ailleurs au programme du certificat d'études.

— Tu me prends pour une imbécile avec tes grands airs de supériorité ! clama Colette.

Il plongea son regard dans le sien.

— Je n'en ai jamais eu l'intention !

— T'es-tu rendu compte du mal que tu soulèves, des souvenirs que tu exhumes ? Il y a des choses que nous avons voulu oublier. A quoi cela sert-il de raviver les souffrances des uns et des autres ? Jusqu'à aujourd'hui, la vie était tranquille et on osait se regarder en face !

Louis, les mains dans les poches de sa blouse, la laissait se débattre dans ses incohérences verbales et ses contradictions inouïes. Il caressa le bois de son bureau, ouvrit la fenêtre de la classe et s'accouda à la rambarde. Le ciel, telle une étole de satin, tendait ses voiles parsemés d'étoiles de la Méditerranée à l'Audibergue. Des moineaux se disputaient sur un banc des miettes de brioche. Il admira la cour de récréation trop calme, trop endormie à son goût. Les geignements de Colette Barnouin ne le touchaient pas et il n'avait pas envie de répondre. Son attitude n'arrangea pas les choses. Colette, au bord de la crise de larmes, s'assit à la place de son fils et plongea son front entre ses mains.

— As-tu pensé à Rémy, aux réactions de son père et à celles de Fernand Daumas ?

— J'y ai mûrement réfléchi.

— Te voilà avancé ! Et maintenant ?

— Cela ne concerne que moi ! Mais cacher une telle histoire est l'apanage des lâches. Vous êtes tous complices du malheur de cette femme et de sa fille. Je me demande comment vous faites pour porter un tel héritage !

— C'est du passé et on doit l'oublier !

— Le passé a bon dos ! Pourquoi se réfugier derrière les choses tues, derrière la tradition du silence ?

Il haussa les épaules de dépit. Il en avait marre de cette mascarade et éprouvait un affreux sentiment de gâchis. Le départ de son prédécesseur était-il lié à l'histoire de Madeleine et de sa fille ? Daumas et Barlet l'avaient-ils trouvé un peu trop curieux ? Et Colette ? Ses propos ne tenaient pas debout. Se jouait-elle de lui pour le retenir et le faire taire ? Cruelle désillusion ! Il souhaitait qu'elle parte au plus vite, qu'elle s'en aille loin, très loin. Aucun désir, aucune envie ne le touchait et il s'en voulait de son éphémère aventure.

Colette leva vers lui un visage désespéré. Elle boutonna sa veste et sortit en claquant la porte.

Le lendemain et les jours suivants se déroulèrent en explications et en confessions. Louis réitéra un scénario identique. Crucus n'en crut pas un mot et le titilla amicalement. Le maire et ses adjoints le menacèrent d'une lettre au conseiller de circonscription. Quant à Barlet, pris d'une fureur terrible, il consigna Rémy dans l'écurie et lui interdit de franchir le seuil de la maison.

— C'est grave, une faute grave, dit Marius Belli. Vous avez mis en danger les enfants et vous vous mêlez de ce qui ne vous concerne pas. Votre domaine est l'école. Le mien, la commune. Alors chacun chez soi !

Louis ne prêta pas attention à ces discours hypocrites et s'employa à continuer son travail avec acharnement.

Paul Barnouin rentrait paisiblement de la forêt en sifflotant, le fusil en bandoulière, les épagneuls à ses côtés, la gibecière gonflée de cailles et de bécasses, quand il fut happé par Barlet et son complice. La surprise passée, Fernand Daumas l'invita à boire un coup à la forge. Installées sur l'établi, une bouteille d'anisette, une cruche d'eau fraîche et quelques olives dans une soucoupe constituaient un préalable à la rencontre. Paul, intarissable, raconta ses exploits singuliers de chasse et s'en prit à l'administration de ne pas prolonger la période d'ouverture. Du gibier, il y en avait à foison, les sangliers défonçaient les champs de blé, de maïs ou d'avoine nouvellement semés, les lapins portaient la myxomatose, raison de plus pour les abattre, le blaireau mangeait les fruits verts, la loutre se régalait des truites, la martre et le renard s'en prenaient aux poulaillers. Daumas laissait le cafetier exprimer sa bonhomie naturelle et remplissait le verre qui se vidait à chaque éclat de rire. Barlet, dans son coin, observait le jovial rondouillard qui ne s'étonnait de rien et ne voyait le mal nulle part.

Un soir, alors qu'il quittait la boutique de son beau-frère, intrigué par les ombres qui circulaient devant la fenêtre de l'instituteur, Barlet avait décidé de se planquer sous un porche à proximité et d'attendre. Une sorte de sixième sens le tiraillait et lui demandait de rester dans sa cachette. La porte de l'école avait grincé et s'était refermée sans faire de bruit. C'est à ce moment-là qu'il avait aperçu Colette Barnouin venir vers lui à pas rapides. Elle l'avait frôlé alors qu'il retenait sa respiration. Il s'en était ouvert à Daumas qui avait vu là un moyen de plus pour faire vaciller Louis Rosenberg.

Paul Barnouin reprit un brin de lucidité et fronça les sourcils :

— Oh, les collègues, vous ne m'avez pas invité pour que l'on cause de la pluie et du beau temps !

Daumas prit un air gêné et fit une mine de six pans.

— Ce que nous avons à te dire n'est pas facile. Barlet et moi sommes très embarrassés de t'annoncer ce que nous avons sur le cœur mais en tout bien tout honneur et par pure amitié. Crois-moi, nous ne pouvons rester silencieux, te croiser tous les matins et faire semblant.

— Semblant de quoi ?

— Il s'agit de Colette, dit Barlet.

— Ma femme ?

— Y en a pas trente-six à Castelroche, ajouta Barlet.

— Voilà, nous l'avons vue sortir de chez le maître d'école à une heure où la classe était finie depuis bien longtemps !

Paul s'enfila un verre, puis un deuxième.

— Y a pas de quoi se tirer une balle dans la tête ! Le petit est toujours fourré chez l'instituteur, elle pouvait très bien…

— Comme tu dis, elle pouvait… Mais à sa façon de s'en aller et de courir dans la rue, on voyait bien qu'elle n'était pas tranquille !

Paul s'affala sur une chaise, décomposé, l'air absent.

22

Le 14 mai, les Allemands, par une brèche de la ligne Maginot, envahissent les Ardennes et foncent vers l'ouest. Une foule de civils est jetée sur les routes. L'exode commence avec ses malheurs, ses errances. La menace sur Paris se fait de plus en plus vive et le gouvernement se réfugie dans la région de Tours ; certains ministres n'ont qu'une idée en tête : s'entendre avec l'armée conquérante comme au moment du traité de Munich ou bien comme pendant la drôle de guerre.

Dans les Alpes-Maritimes, les destructions préventives s'accélèrent. Les sapeurs du génie du 15ᵉ corps font sauter le haut pont de la Tinée, le pont d'Isola, le tunnel de Laghe. A la Colmiane, la route est détruite afin d'empêcher la progression des automitrailleuses italiennes. Les coups de feu éclatent dans la Gordolasque. De peur d'une invasion par mer, les autorités militaires françaises font couler les barques de pêche de Golfe-Juan. L'éclairage de la promenade des Anglais est supprimé ainsi que celui des grandes artères niçoises.

Le 18 juin, alors que le général de Gaulle prononce à la BBC un appel aux Français pour continuer la lutte, Pétain demande l'armistice. Il est signé avec l'Italie le 24 juin. Le conseil municipal d'Antibes réuni en séance extraordinaire adresse un télégramme de soutien au nouveau chef du gouvernement. *Le Progrès provençal* publie un article : « Maréchal, notre père ». La municipalité de Nice envoie au glorieux soldat l'expression de l'affectueuse vénération de la ville. Une zone démilitarisée est établie. Elle passe à l'ouest de Cannes, Grasse et Saint-Vallier-de-Thiey. Des commissions mixtes d'armistice siègent à Menton et à Sospel pour entériner l'évacuation des soldats français et définir les voies de communication que les Italiens pourront utiliser librement afin de ravitailler les éléments avancés.

Un préfet de choc, Marcel Ribière, est nommé. Pétainiste inconditionnel de la première heure, il procède dans la fonction publique à des épurations visant les communistes, les francs-maçons, les Juifs, les naturalisés, les homosexuels, les partisans du Front populaire. Il révoque des enseignants niçois tels que la directrice du lycée de jeunes filles, des professeurs et des instituteurs démocrates dont les noms sont publiés dans la presse locale[1]. Entre les évincés et les prisonniers, le nombre de maîtres diminue comme une peau de chagrin. Les classes des villes sont surchargées, ce qui ne garantit pas la qualité des cours. Les livres de classe qui parlent de la République et de son œuvre sont interdits. Une gabegie incroyable règne dans l'Education nationale et en particulier à l'académie de Nice.

Dans la nuit, une colonne de mulets passa dans la rue centrale de Castelroche. Au petit matin, ce furent deux camions et une chenillette. Plumeau au képi, les soldats parlaient fort, chantaient, buvaient du chianti, défilaient

1. *Les Alpes-Maritimes de 1939 à 1945*, *ibid.*

en vainqueurs. Les rues étaient désertes. On observait ce remue-ménage de derrière les rideaux.

— Y vont à la batterie de la Glacière, affirma Daumas.

— Ils n'ont pas l'air si terribles que ça, confia Barlet.

— Terribles ou pas, l'avenir c'est eux !

Au fil des jours les habitants s'accommodèrent de ces braves types qui préféraient les ritournelles, l'harmonica et l'accordéon au bruit du canon. Ils passaient des heures à la terrasse du café des Chasseurs, fumant des toscans, buvant et interpellant les jolies femmes. Paul, heureux, voyait son chiffre d'affaires décupler. Epicier, boucher, bûcheron y trouvaient allègrement leur compte.

— Au moins ça fait marcher le commerce, s'écriait sans pudeur le bistrotier.

— Que la honte te bouffe, râlait Colette qui refusait de les servir. Prendre de l'argent aux fascistes, c'est comme dénoncer ta mère et te vendre.

Daumas, encostumé, chemise noire et ceinturon, ne quittait pas d'une semelle les gradés, multipliait les initiatives et leur rendait de nombreux services. Il se rapprocha du conseil municipal et se désigna délégué auprès de l'occupant, fonction bénévole entérinée par la sous-préfecture de Grasse et approuvée par la commission italienne d'armistice. Il s'installa à une table face au bureau de Marius Belli où trônèrent trois fanions aux couleurs allemandes, italiennes et françaises. Il prit sous ses ordres le garde municipal. Léon Barlet, nommé adjoint au délégué, servait de factotum et de relais entre la batterie de la Glacière et la mairie. La forge refroidit. Les paysans qui avaient besoin de ses services allaient ferrer chevaux ou mules ailleurs. Félix réintégra l'école. Son père le désigna représentant des élèves. Peu d'enfants lui adressaient la parole. Malgré les efforts du maître, il était irrévocablement écarté de cette communauté si solidaire.

Les Castelrochois se divisèrent. Des clans se formèrent. Des familles se jalousèrent, s'espionnèrent... Les relations d'hier devenaient les parias du lendemain. La méfiance, la crainte étaient les alliées intimes de chacun. Les lettres anonymes s'entassaient à la gendarmerie de Saint-Vallier. On dénonçait les personnes pour des problèmes d'héritage, de terrain, de bornage, de détournement d'eau, on accusait les voisins d'être juifs, sympathisants gaullistes, antimaréchalistes.

Louis, à présent, dispensait ses cours sous le portrait de Pétain. Il ne pouvait éviter les nombreuses contraintes telles qu'apprendre la chanson du maréchal à la gloire de l'occupant et du nouveau gouvernement, lire à voix haute des extraits de la vie du maréchal Pétain ou bien la brochure *Travail, Famille, Patrie* à l'usage des enfants de France et distribuée à chaque écolier, les obliger à rédiger des devoirs dans lesquels ils célébraient les mérites du maréchal et la Révolution nationale de l'Etat français. Les murs de la maison d'école qui constituaient un havre de paix où l'ordinaire de la vie se transformait en extraordinaire étaient sérieusement ébranlés.

Louis, le passeur d'illusions, était placé devant un dilemme cornélien : obéir et collaborer avec ces autorités qu'il rejetait plus que tout ou prolonger tout bonnement la route du maître d'école qu'il s'était tracée ? Brouillard, chaos, troubles s'entremêlaient au-delà de la cour de récré...

Chaque matin, il dévisageait les écoliers un par un, s'incarnait dans la couleur de leurs pupilles, leur adressait une parole, une caresse, une tape qui représentaient beaucoup plus qu'un simple signe d'affection. Il gravait dans sa mémoire les images, les traces, les perceptions de son premier poste, de sa première expérience, comme s'il devait du jour au lendemain leur dire adieu et partir vers d'autres horizons où d'autres enfants l'attendaient.

Il ne supportait plus le masque de l'ignominie que porte l'homme, un masque derrière lequel il cache toute sa couardise, et ne pouvait rester insensible aux faux discours, aux déclarations hasardeuses. Il refusait d'obéir sans réfléchir, de marcher d'un pas mécanique, de saluer quand on le lui demandait. Louis était tout le contraire des gens que l'on asservissait, de ceux qui agissaient sans savoir ni comprendre et qui profitaient d'une situation établie. Il était un être pétri de bonté et d'intelligence. Il tendait la main à ses enfants, les entraînait au milieu des nuages, dans le pays des rêves. Coûte que coûte, il les protégerait de la misère extérieure.

Les discussions avec le curé, le soir à la sacristie, représentaient un refuge où ils tentaient de discerner dans cette pagaille un brin d'espoir, une lumière qui ennoblirait l'espèce humaine. Ils essayaient de se redonner confiance, de se réconcilier avec eux-mêmes, de repousser le néant.

— Où allons-nous ? Je ne vois que les ténèbres !

Crucus souffla, dépité, et alluma une cigarette.

— Certes, des vies gâchées, des existences brisées, mais, Louis, il y a toujours l'espoir qui se lève quelque part, quand on s'y attend le moins !

— Pensez à Madeleine, à Alouette ! Lorsqu'un village entier est capable d'oubli, lorsqu'un village entier protège des assassins, lorsqu'un village entier, neuf ans après, laisse crever deux êtres sur le plateau, comment voulez-vous offrir votre confiance ? Comment voulez-vous apprécier ceux qui vous côtoient ? Croire, espérer deviennent tout simplement dérisoires ! Des mots jetés en l'air et qui ne retombent jamais !

Souvent Louis avait envie de pleurer tout son soûl, de hurler de rage. Il se cramponnait à un mur invisible et glissait dans un trou noir, une ombre béante. Un froid coulait avec lenteur sur sa nuque. Sa pauvre tête ballottée de gauche à droite lui amenait un fardeau de douloureux vertiges. Il ouvrait les yeux sur un univers incompréhensible. Il avait l'impression de revenir en arrière, de revivre cette glaciale nuit d'hiver, à Berlin, où on lui avait volé son enfance. Devant Crucus, il ne se retenait pas, se laissait aller. Le prêtre comprenait le désarroi du jeune homme et vivait aussi sa douleur.

Une note émanant du rectorat lui signifia qu'étant donné la situation de conflit, le manque de personnel et la désorganisation des services, l'administration scolaire était dans l'impossibilité d'organiser les concours et les examens pour la période de 1940. Les notes seraient conservées et les épreuves renvoyées à l'année suivante. Louis reçut la nouvelle comme un violent choc. Une chape de plomb tomba sur la classe. La déception se lut sur les visages des « fin d'étude ». Confronté à une situation qu'il ne maîtrisait absolument pas, le maître chercha par tous les moyens une solution pour récompenser le travail fourni par les enfants.

Juin. La fin du cycle scolaire approchait. Un ciel en fusion tremblait et raclait la flore vivace. Les collines vibraient du chant de milliers d'insectes assoiffés de sèves sucrées et de parfums denses. Les troupeaux quittaient les étables et suivaient le cycle des transhumances. Des chapelets laineux grimpaient lentement sentes et défilés. Les champs et les campagnes fourmillaient d'une intense activité.

La cour de récré résonnait des bonjours et des politesses des invités. Vêtus de leurs habits du dimanche, les parents, le conseil municipal au grand complet dont certains membres affichaient les décorations de la Grande Guerre assistaient à la remise des prix. Pour l'occasion et fait rarissime, Colette et Paul Barnouin bouclèrent le café des Chasseurs.

Louis et ses matelots avaient érigé une scène sous le préau, décorée de guirlandes de lierre piquées de fleurs des champs. Des rangées de chaises parfaitement symétriques démontraient le rigorisme et la parfaite organisation. En préambule pour prouver leur application, chaque élève récita un poème de Lamartine, Alphonse Daudet, Victor Hugo ou entonna une chanson. En deuxième partie, le groupe divisé en trois joua des piécettes tirées de *La Semaine de Suzette*[1]. Le maître d'école invita ensuite Marius Belli et les cinq adjoints à le rejoindre. Le rite en vigueur était que les trois premiers lauréats aient l'honneur de recevoir leur récompense des mains de monsieur le maire, les suivants des conseillers.

La veille, Louis fit appel à Ignace Crucus qui connaissait tous les secrets de Castelroche. Il fallait veiller à ne pas commettre d'impairs, en évitant qu'un élu ne félicite la progéniture d'une famille avec laquelle il était brouillé, des fâcheries qui souvent dataient des grands- ou arrière-grands-parents, voire plus loin… L'erreur serait considérée comme voulue et l'instituteur une fois de plus désavoué.

1. Album, le journal idéal pour les enfants, éditions Gautier-Languereau.

Les élèves se présentèrent devant les marches de l'estrade lorsque Louis annonça le palmarès. Prix d'honneur : Adrien Philibert. Le maire lui tendit *La Prairie* de James Fenimore Cooper, un livre entouré d'un ruban tricolore, à la couverture rouge, aux tranches dorées. Prix d'excellence : Rémy Barlet. Premier prix de classement : Marcel Barnouin. Les chevaliers de Saint-Hubert étaient aux anges. Leur tribu était entièrement primée. Puis vinrent les prix spécifiques pour les différentes matières. Les jumeaux des Amphons obtinrent celui de français, Margot celui d'assiduité et un gamin de préparatoire celui de camaraderie. Marius Belli clôtura la fête par un pathétique discours où il narra sa scolarité et eut le culot de citer sa carrière en exemple. Puis il invita ses administrés à trinquer à l'amitié.

— Tu l'as fait exprès, Rosenberg ! Mon fils n'a aucun prix ! hurla Daumas devant la foule médusée.

— Félix a manqué quatre mois, je ne pouvais décemment et vis-à-vis de ses camarades lui attribuer une récompense…

— Tu entendras parler de moi et plus vite que tu ne le penses !

— Le têtard qui se fait plus gros que le crapaud… ironisa Louis.

— Mon bon ami, je vous ai déjà prévenu, méfiez-vous de cet individu particulièrement malfaisant ! reprit Belli.

23

Durant la première quinzaine du mois de juillet, l'école tournait au ralenti. Les grandes vacances se profilaient. La classe était devenue un vaste terrain de jeux. Les écoliers inventaient des passe-temps soit à l'intérieur du bâtiment, soit dans la cour de récré. Le soleil dardait des rayons de craie éblouissants. La chaleur étouffante forçait les gamins à rechercher les coins d'ombre. La période était propice aux grandes balades dans la colline. Louis outrepassait les conseils de prudence et les interdictions du maire. Il se sentait libre d'entraîner sa bande de corsaires là où il le voulait dans l'intérêt des enfants et de son enseignement. Ils revenaient le soir avec des musettes remplies d'herbes médicinales : pâquerettes, chicorée, campanule, coquelicot, pimprenelle, oseille… mais aussi insectes et papillons qu'ils examinaient à la loupe et classaient dans un énorme cahier avec une légende au bas de la page.

Le maître laissait les chevaliers de Saint-Hubert s'échapper discrètement et grimper au Grand Combeau. Bien entendu il était intransigeant sur l'heure du retour afin qu'ils ne rentrent pas à Castelroche en retard.

Madeleine et Alouette n'avaient plus aucune crainte de ces visites agréables et discrètes. Elles passaient la plupart du temps à l'écart avec Rémy. Ils parlaient, se confiaient, avaient tant à se dire pour combler une si longue absence. Ils partageaient leurs âmes, communiaient, mêlaient leurs larmes, s'embrassaient, rattrapaient le temps perdu, éradiquaient leurs souffrances et leurs douleurs mutuelles. Alouette souriait, se blottissait contre son grand frère et lui confiait ses secrets.

Dans leur campement de la Glacière, les Italiens se tenaient tranquilles. Le soir, à la veillée, leurs chansonnettes mélancoliques, les accents aigrelets de la mandoline résonnaient dans la vallée. Lorsqu'ils descendaient au village, les soldats se comportaient en amis ; de pépères voisins en villégiature. Ils faisaient du tapage dans les rues et avaient l'air de bons vivants. Ils trinquaient à la bouteille et s'esclaffaient à la moindre péripétie.

Aucun incident ni anicroche ne fut à déplorer. Souvent pas rasés, débraillés, en maillot de corps, le rire aux lèvres, ils se faisaient appeler par leur prénom et tutoyaient la population. Ils montraient aux élus et aux autorités des égards et un respect total. Ce zèle bienséant plaisait. Les Castelrochois se disaient qu'après tout si la guerre était l'image que donnaient ces militaires, ce n'était pas si dramatique.

« Vraiment de braves types… » pouvait-on entendre. Ou bien : « Les ritals ne sont pas des foudres de guerre… » « Dès qu'ils entendent un coup de feu, ils décampent », déclaraient les plus aigres.

Le dimanche après-midi, ils organisaient des convoyages à dos de mulet et invitaient la population à venir visiter la casemate.

Lors de la grand-messe, le curé se frottait les mains. Depuis bien longtemps son église n'avait pas été si bondée et le confessionnal débordait. Le capitaine exigeait que l'autel et la statue de la Vierge Marie soient fleuris de roses blanches. Les gradés occupaient les places réservées aux notables. La troupe emplissait les travées, reléguant les fidèles habitués aux derniers rangs. Crucus ne ratait pas l'occasion de se lancer dans d'interminables sermons en italien, sur la paix, l'amitié entre les peuples, l'avenir de l'humanité, la crainte que tous les pécheurs doivent avoir de Dieu le père !

Après l'office, les officiers retenaient toutes les tables du café des Chasseurs pour le traditionnel repas dominical.

Un matin, le village se réveilla avec un drôle de goût amer dans la bouche. Des traîtres se rebellaient, affichaient leurs opinions ! Qui avait osé souiller la façade de la mairie ? Qui avait osé mettre en péril les Castelrochois ? Qui avait insulté les amis transalpins ? Daumas hurlait. Les veines de son cou saillaient. Le visage rubicond, il donnait des coups de pied contre le crépi où une inscription en grosses lettres blanches lui sautait à la gueule : *Les piantous, les babis, les mange-macaronis à la maison !,* suivie d'une flèche indiquant l'est, direction de la frontière. La phrase s'achevait par : *Les crapauds mangent la polenta des Français, engrossent leurs femmes et violent leurs filles !*

L'injure suprême était gravée sur la pierre de l'hôtel de ville. Daumas écumait de rage.

— Je ferai gratter et repeindre le mur par l'employé communal et ce soir il n'y paraîtra plus rien ! constata Marius Belli.

— Je veux ces pourris ! cria Daumas surexcité.

— A quoi cela servira-t-il ?

— Ils doivent payer ! Et nous il faut nous excuser !

— Pour quoi faire si les Italiens ne le voient pas !

— Une question d'honneur, monsieur le maire ! Ecoutez donc les discours du maréchal et de Laval et vous serez édifié !

Un détachement de gendarmerie arriva l'après-midi et effectua les constatations d'usage. Tout le village défila sur la place afin de voir à quoi ressemblaient les forces de l'ordre.

— Avez-vous des soupçons ? demanda un brigadier.

— Plus que ça ! C'est une écriture d'adulte bien ronde ! Un enfant est incapable d'écrire sans fautes.

— Vous pensez à qui ?

— Un Juif, fils d'émigré, et son acolyte de douze ans !

— Pourtant vous m'aviez dit que les enfants...

Daumas l'interrompit ironiquement.

— Mais celui-là n'est pas comme les autres ! Un vaurien de l'Assistance publique adopté par les Philibert qui n'en fait qu'à sa tête ! Une graine de voyou !

— Je vois, marmonna le gendarme loin d'être convaincu. Pourtant les Philibert ont bonne réputation !

Léon Barlet s'enfila dans la trouée des moines. Sa poitrine le brûlait. Il crachait sa rancœur à coups d'éclats de voix et de grossièretés. L'humiliation que lui imposait son fils était sans nom. Il devait balayer, extirper de son esprit celle qui avait fait son malheur. Rémy ne restait plus à la ferme. Il passait ses journées là-haut, au Grand Combeau, ne rentrait qu'à la nuit, ne mangeait plus à table, ne lui adressait plus la parole et pendant ce temps Léon se tapait le sale boulot. La traîtresse l'avait envoûté et avait arraché au père son reste de dignité. Il ne pouvait rester là, attendre et subir. Le malheur le frappait à nouveau de plein fouet. Les vieilles blessures ne se refermaient donc pas. Elles tisonnaient à vif la chair de l'homme. Il suffoquait d'un désespoir morbide. Sa pénitence était si lourde à porter, son corps, ses souvenirs, son sommeil, ses larmes le blessaient ! Même quand il tentait de faire bonne figure devant Philibert, un poids écrasant le hantait et le tuait à petit feu ! Il ne pouvait faire confiance à personne, surtout pas aux Castelrochois. S'ils avaient partagé son infortune ou fait semblant, ils ne l'épargneraient pas. Léon crachait sur cette bande de lâches et Daumas le complice, à présent intouchable, ne le couvrirait pas. Il était trop occupé à d'autres responsabilités.

A la sortie du passage, Barlet s'arrêta un moment pour reprendre haleine. Sa décision était prise. Il devait lui-même régler ses affaires.

Il s'allongea à plat ventre dans les buissons et s'assura que le plateau était désert. Il jeta un regard à droite, à gauche, scruta en direction du bosquet et de la cabane. Tel un renard il avança en rampant. Un vent léger faisait craquer les épineux. Le soleil était si violent que les pierres explosaient. Une poussière drue se soulevait de quelque monticule grillé. A une vingtaine de pas de l'habitation, il cessa sa progression et s'aplatit. Les battements de son cœur résonnaient dans la terre. Il contenait sa soif. Une salive épaisse imprégnait son palais. Il serra sur le flanc le manche de son couteau. Dans une parfaite immobilité, Barlet voyait ce qui se passait devant la maison. Une fillette qui serrait contre sa poitrine une poupée en chiffon jouait avec Rémy qui paraissait si gai, si joyeux. Une jalousie incontrôlable décupla les sens avilis du guetteur.

— A toi Rémy, à toi à présent !

Le garçon entama une partie de marelle.

— Ne triche pas, tu as mis le pied sur la ligne...

— Mais non, je t'assure que non, répondit Rémy.

— Si, tu es un tricheur, tu es un tricheur...

— Si je t'attrape...

Et Rémy lui courut derrière dans un tourbillon de cris enfantins. Le dos appuyé contre un tronc d'arbre, étourdie de plaisir, les cheveux jouant dans l'air, Madeleine découvrait ses enfants.

Les mots, les rires innocents, les ravissements insouciants arrivaient telle une tempête aux oreilles de Barlet. Ses tempes battaient violemment, des coups de marteau assénés sur son crâne. Il se mordit sauvagement la paume pour ne pas rugir comme un fauve et massacrer l'assemblée. Comment pouvaient-ils se comporter ainsi alors que lui était cloué sur la croix ? Comment pouvaient-ils ne pas partager sa torture ? Comment pouvaient-ils ignorer sa vengeance ? Il fut envahi de pensées effrayantes : « Profites-en maintenant, Madeleine, tes heures sont comptées ! Faut que tu crèves ! Qu'ils crèvent tous ! Après je serai libre. Je mettrai tout ça sur le dos des ritals et foutrai le camp, loin de cet enfer ! » Il cédait à une injonction mûrement réfléchie, venue de la profondeur de sa haine.

Rémy rassembla ses affaires. Un voile de nuit tombait sur le Grand Combeau.

— Il se fait tard, je dois y aller.

— Demain ? demanda Alouette.

Il la prit dans ses bras et la fit tournoyer.

— Demain et tous les autres jours, ma petite sœurette !

Il déposa un baiser sur les joues de Madeleine.

— Mon garçon, dit-elle, mon grand garçon ! Fais bien attention !

— Ne t'inquiète pas, maintenant que je t'ai retrouvée...

Elles le regardèrent partir et se noyer dans l'obscurité du plateau. Bientôt, Rémy ne fut qu'une ombre avalée par l'immensité.

— A demain ! cria à nouveau Alouette.

— Je te parie qu'à l'aube, il sera devant la porte…

La gamine lui fit un grand signe de la main et rentra dans la maison en chantonnant. Madeleine appela les brebis et la vache qu'elle poussa dans le parc, referma la barrière, fit de même pour les poules et les lapins et vérifia qu'aux alentours tout allait pour le mieux. Puis elle rejoignit sa fille à l'intérieur. C'est à ce moment-là que Barlet se délogea de sa cachette et à pas feutrés vint se glisser sous le minuscule fenestron.

— Je vais traire les chèvres et ramasser quelques branches pour la soupe ! entendit-il.

Il recula dans l'enclos.

24

Madeleine ne fut aucunement surprise. Elle ne baissa pas les yeux. Ses pupilles transperçaient l'homme. Le visage décomposé, il eut peur et se mit à trembler. Peur… peur du geste qu'il allait accomplir.

— Je savais que l'on se reverrait, dit-elle d'une voix sûre. C'était écrit ! C'était prédit.

— Tais-toi !

— Me taire ? Mon pauvre, cela fait des années que je me tais !

— Ferme-la !

Il voulut lui dire autre chose, mais aucun son ne sortit de sa bouche. Madeleine le fixait, une moue de dégoût sur les lèvres. Le couteau partit dans le bas-ventre. Elle resta droite, ne poussa aucun cri, aucun gémissement et ne lâcha pas Léon du regard.

— Tu dois payer pour tout ce que tu as fait !

Un deuxième dans la région du cœur, puis un troisième, un quatrième coup, Barlet s'acharnait sur sa victime. Il frappait, tapait. La face, les bras, les mains étaient maculés de rouge. Il respirait l'odeur acide et chaude du sang. Le corps de Madeleine tressautait. Ses yeux suivirent les étoiles et plongèrent dans une éternelle galaxie. Elle s'endormit simplement pour ne plus se réveiller. Une brûlure fiévreuse l'emporta au loin avec la brise qui soufflait sur les cimes des cèdres. Elle entendait les rires de ses deux enfants retrouvés. Elle percevait leurs cris, leurs chuchotements. Ses paupières devenaient lourdes, très lourdes, brûlantes. Elle ne les ouvrirait plus sur la magie du Grand Combeau. Elle ne sentirait plus le soleil brûler sa peau. Elle ne percevrait plus les odeurs de l'automne, de la forêt humide, des fougères. Les ténèbres entrebâillaient à présent leurs portes. La nuit était noire, immensément noire. Les reflets de la lande s'effilochaient. Madeleine allait rencontrer l'après, ce qui existe de l'autre côté de la vie. La confusion traversa son âme. Une ouate sombre enveloppa son esprit. Elle chuta dans un tourbillon infini et s'abandonna au flot limpide de sa destinée.

Barlet resta à genoux. Madeleine semblait dormir. Son visage ne montrait aucun effroi. Elle n'avait sollicité aucune pitié, l'avait défié jusqu'au bout et avait accepté courageusement sa punition. Il regarda ce corps qui n'était qu'une immense plaie. Il se releva péniblement et s'appuya contre la barrière. Ses gros doigts serraient le manche poisseux de l'arme. Il tenta de reprendre sa respiration qui l'étouffait. Sa tête était lourde. Un silence convulsif l'agitait. Il se dirigea vers la masure et ouvrit la porte à coups de poing. La bougie n'éclairait qu'une pièce vide.

— Où est-elle ? Mais où est-elle !

Il fouilla dans tous les recoins, renversa les meubles, la table, retourna le lit, éventra le matelas.

— Elle veut jouer à la maligne, cette garce ! Avec la nuit elle va se perdre et débaousser dans une faille ! hurla-t-il.

Il éclata d'un rire lugubre.

— Tous, je les aurai tous !

Léon Barlet traversa le Grand Combeau en titubant. Une souche noircie tendait ses moignons vers le village. Des brumes mauves glissaient des pics vers la vallée. La puanteur de la sueur et du sang collés à son épiderme l'écœura. Il contourna un magma de branchages et de boue séchés, emprunta la trouée des moines et se laissa glisser jusqu'à une cuvette. Il se déshabilla et plongea dans l'eau glacée. Il frotta son corps avec une touffe de lichen, coula au fond du trou et garda longtemps la tête immergée. Il recommença plusieurs fois de suite l'opération, se purifiant du crime qu'il venait de commettre. La source débarrassait sa peau d'une crasse abominable. Il s'allongea ensuite sur un rocher, les bras en croix. Il eut froid, se recroquevilla sur lui-même.

Léon se secoua de la léthargie qui le prenait. Il désirait hurler son dégoût mais sa gorge se serrait. Halluciné par son acte prémédité, il n'avait plus aucune force, se sentait paralysé, incapable de réagir. Il se releva en s'appuyant sur un rocher. Ses jambes ne le tenaient plus droit. Il se dirigea lentement vers la lumière. Un ciel clair, une brise fondante, le site lustré de vert et d'ocre, une odeur de fruits mûrs le ramenèrent à une brève lucidité. Il s'évadait d'un terrible cauchemar. Il apercevait Madeleine blessée, à chaque détour, dans les falaises, les clairières. Elle ne mourrait donc jamais et le hanterait jusqu'à la fin de sa vie.

— Pourquoi… ? prononça-t-il. Mais pourquoi ?

Une solitude absolue lui serra le cœur. Il sentait naître en lui le sentiment d'une extraordinaire angoisse. Le chagrin succédait à l'effroi. Des murailles inexorablement hautes se dressaient devant lui et l'empêchaient d'avancer. Un froid humide dégoulinait avec lenteur de ses habits sur ses bras, le long de ses jambes, sur le torse. Il était une loque qui s'aventurait dans le sentier descendant.

— Qu'ai-je fait, Seigneur ? répéta-t-il mollement.

Un goût âpre emplissait sa bouche. Léon pataugeait dans une glèbe de chair. La lame du couteau brillait à l'aveugler. Il regarda ses mains calleuses, des mains de paysan faites pour labourer, semer, récolter, non pas pour assassiner... Des mains au sang séché !

Le sol se dérobait sous ses pas. Des lames de calcaire acérées entamaient la plante des pieds comme autant de stigmates. Son corps demeurait insensible.

— Rémy ! Où est mon fils ? La fillette, elle s'est perdue, il faut la retrouver ! Je la ramènerai. Rémy sera content, il me pardonnera !

Le torrent, en contrebas, rugissait. D'un geste, il voulut effacer des lueurs floues et persistantes qui l'attiraient au bord d'un précipice. Elles s'élevaient vers le soleil, lui indiquèrent une direction et l'éblouirent. Léon n'était déjà plus sur les terres de Castelroche, sur les arpents de la Bastide Blanche. Il dérivait dans une coulée laiteuse, tiède, bienfaisante, une clarté traînante qui lui rappela le fil de son existence. Il devina un nuage lointain. Il s'abandonna dans cette vision. Il arracha sa chemise, souleva sa poitrine pour reprendre son souffle. Ses yeux s'ouvrirent sur un monde de douceur. Une somnolence délicieuse l'enserra. Maintenant tout se mettait en ordre. La jalousie, la violence, l'inquiétude, le bonheur se mêlaient dans une danse parfaitement orchestrée. Sa voix se perdait dans un rêve nébuleux et appelait de toutes ses forces Madeleine.

Sur la dalle plate qui surplombait le gouffre, il s'arrêta un court instant. Jamais il ne fut aussi bien, aussi reposé.

Son envolée parut irréelle. Son corps devenait léger. La sensation d'un formidable bien-être entoura Léon. Ses bras battirent l'air. Il plana longuement dans le vide. Ses yeux démesurément agrandis dévisageaient le ciel. Il s'enfonça dans les eaux bouillonnantes, roula avec le courant. Son corps ballotté par les remous était aspiré par les lèvres argentées de la rivière. La cluse se referma sur lui et le conduisit au paradis des repentis.

Alouette tenait la main de sa mère qui dormait. Aucun trait ne trahissait le martyre. Elle dormait tout simplement. Elle était une image, une statue étalée sur la paille. Seule la pâleur cireuse dénotait le long sommeil. Agenouillée, la fillette attendait, ne comprenant pas ce qui s'était passé. Maintenant, qu'allait-elle devenir ? Elle restait silencieuse, perdue dans un effroyable piège, une immense injustice.

Les appels de Rémy la firent réagir. Enfin, elle trouvait du secours. Hagarde, les yeux gonflés, le nez rouge, elle tendit les bras vers son frère, cherchant un réconfort. Elle tremblait. Des hoquets entrecoupaient ses pleurs.

— Un monsieur est venu, il s'est caché là-bas et...

Une quinte de toux la secoua. Rémy trempa dans l'abreuvoir son mouchoir et humecta le visage de l'enfant.

— Maman est sortie. J'ai entendu une voix terrifiante et puis comme une bagarre, alors je me suis cachée dans la soupente.

— Mon Alouette, ma petite Alouette...

— J'avais peur, terriblement peur !

Elle renifla et essuya d'un revers de manche son nez.

— Un gros bonhomme est entré dans la maison, a braillé, m'a appelée, puis est parti. Sur le sol et sur l'herbe il y avait des traces de semelles pleines de sang !

continua-t-elle. Je suis restée dans ma cachette. Au petit jour j'en suis sortie et j'ai vue maman étalée là dans l'enclos.

Rémy, aveuglé par les larmes, réprima une douloureuse révolte. L'émotion étreignait son cœur. Il s'empêchait de hurler de douleur. Barlet était passé par là ! Barlet avait à nouveau amputé son bonheur ! Les fleurs se fanaient, la montagne s'effritait, tout s'écroulait autour de lui. Rémy tenta de sortir de ce mauvais songe, d'entendre à nouveau la voix de Madeleine. Il ne devait pas se laisser aller à une insupportable peine. Il ne devait pas effrayer Alouette. A présent, il était l'aîné, celui qui devait montrer l'exemple, prendre les décisions, celui qui désormais veillerait sur sa petite sœur.

Il couvrit Madeleine d'une couverture.

— Pour qu'elle n'ait pas froid ! dit-il. A présent il nous faut partir.

— Ira-t-elle au ciel ?

— Elle y est déjà et nous surveille. Nous allons nous comporter comme des grands, pour qu'elle soit fière de nous !

— Comme des grands, répéta Alouette, se saisissant de sa poupée et prenant la main de son frère.

Ils traversèrent d'une traite le plateau sans se retourner, laissant dans leur dos un bout de vie, un minuscule grain d'existence.

— Tu es fatiguée ? Veux-tu que je te porte sur mes épaules ? lui demanda Rémy.

— Non, on marche comme des grands. Maman nous regarde.

Ils se tenaient l'un contre l'autre. Rien ni personne ne pouvait les séparer. Rémy, empreint d'une profonde lassitude, étouffait et ravalait le mal qui le consumait.

— Où va-t-on, Rémy ?

— Chez une dame très gentille, après on verra.

Sur les coups de midi, Alouette et Rémy arrivèrent à la ferme Saint-Hubert. Les Philibert vaquaient aux multiples occupations qu'exigeait la saison chaude. Amélie s'occupait de la fabrication des fromages et de la transformation de la crème de lait en beurre au moyen de la baratte. Adrien nourrissait lapins et poules, nettoyait les cages. Quant à Julien, il ramassait avec ses journaliers les épis de maïs au vallon de la Moulinière. Rémy tapa deux coups avec le marteau de la porte. Il perçut des pas précipités. Amélie ouvrit.

— Madame Philibert, on ne sait pas où aller !

— Mon Dieu ! s'écria-t-elle en voyant Alouette sur le seuil. Mais entrez, entrez vite.

Elle se signa.

25

Amélie mit deux couverts de plus et fit asseoir les enfants sur le fauteuil de Julien afin qu'ils se reposent. Ils burent de grands verres d'eau fraîche. Elle leur offrit des bonbons à la menthe, apporta une bassine, des gants de toilette, des serviettes. Ils se rafraîchirent, nettoyant leur minois des coulines de sueur et de larmes.

— Mes pauvres petits, marmonnait-elle. Mon Dieu, qu'est-ce qu'ils vont devenir ?

Adrien laissa en plan la basse-cour et les rejoignit au plus vite. Julien qui arriva un peu plus tard, accompagné du chien la Truffe, n'en revint pas. Il était désemparé, bouleversé. Les bras ballants, il observa longuement Alouette.

— Tout le portrait de Madeleine jeunette !

Lorsqu'ils passèrent à table, Rémy et Alouette ne touchèrent pas à la nourriture. Rien ne passait.

Les Philibert, abasourdis, écoutèrent le récit du garçon. Il s'exprima comme un automate, déballant les faits point par point, narrant l'épopée de Madeleine. Il décrivit la vision de mort qui hanterait désormais le Grand Combeau. Il essayait de comprendre ce qui pousse un être à une telle cruauté !

— C'est Barlet, je suis sûr que c'est lui ! affirma Rémy.

— Comment peux-tu dire cela ? demanda Julien. Ton père est incapable d'un tel geste !

— On voit que vous ne le connaissez pas bien et qu'il a trompé tout son monde ! Ce qui se passait à la Bastide était terrible ! Barlet était toujours sur mon dos, des baffes, des coups de ceinturon, j'étais son souffre-douleur et Alberte son esclave ! Adrien a dû vous en parler ! Pourquoi Léon m'interdisait d'aller au plateau ? Maintenant je sais... Il a tout gâché !

Sous sa chevelure rousse, embroussaillée, la figure d'Alouette paraissait très sombre. Les yeux écarquillés, la bouche ouverte, elle dévisageait son frère. Elle ne lâchait pas sa main. Rémy était désormais son seul guide.

— Papa, le secret c'était donc ça ?

— Oui, fiston, un secret de Polichinelle.

Une insupportable impression accabla Julien. Il hocha la tête. Nerveusement il émietta un quignon de pain. Il se sentit bafoué, trahi par l'amitié sincère qu'il avait donnée à Léon Barlet.

— On savait pour Madeleine, expliqua-t-il d'un ton monocorde. Tout le village était au courant, sauf pour Edmond de Cabris. On croyait qu'il s'était enfui. Et puis, le temps aidant, on a oublié... Quant à Alouette, on ignorait sa présence sinon on aurait agi autrement ! Certes parfois, sur les marchés ou les foires, les gens des autres cantons faisaient des allusions, mais on ne répondait jamais. Que veux-tu, on ne peut pas s'immiscer dans les affaires des autres ! Qui a raison ? Qui a tort ? Où est le début ? Où est la fin ?

Amélie essuya ses paupières humides avec le coin du tablier, se moucha et balbutia :

— Qu'est-ce qu'on va faire ?

— On a la place pour une bonne douzaine, alors deux de plus cela ne nous gênera pas ! Les enfants vont rester à la ferme. Moi, je dois retrouver Léon à tout prix. Toi, Adrien, tu fonces à Castelroche prévenir le maître d'école, ordonna Julien.

Le cœur de Louis s'arrêta de battre. Les yeux ouverts, Madeleine fixait le soleil. La mort sourde et froide étreignait la femme dans un baptême de sang. Les forces obscures du destin, les lois divines avaient choisi ce moment merveilleux où elle avait retrouvé son fils, où le bonheur bannissait les regrets. Louis se sentit harassé par tant de malheur. Le Grand Combeau était vide de sens. La beauté de la nature devenait dérisoire et surfaite. Il verrouilla la porte de la cabane comme l'on clôt le portail d'un sanctuaire, roula la dépouille de Madeleine dans une couverture et la souleva dans ses bras. Adrien le suivait quelques pas en arrière. Il fit le chemin en sens inverse pour ramener Madeleine dans le monde qui était le sien. Il portait ce corps telle une statue de porphyre. L'excommuniée allait retourner sur ses terres et reposerait désormais dans le petit cimetière aux côtés d'Edmond.

L'obscurité ensevelissait ses pas. Le plateau était un désert de tristesse, l'immonde reflet de la violence. La haine ensemencée jadis avait germé et conduit à l'irréparable. Des fous, des déments qui ont mis dans la main du meurtrier le couteau. Ils l'ont poussé dans ses ultimes retranchements et l'ont obligé à tuer. Personne n'est innocent ! pensa Louis. Ils franchirent la trouée des moines. La fraîcheur du souterrain amena à Louis une froide lucidité.

Ils allongèrent la dépouille sur la plate-forme arrière. La camionnette dévala par les ruines de Bel Air le sentier muletier. Ni Adrien ni Louis ne parlèrent. Ils stoppèrent sur la place de la mairie. Le maître d'école renvoya le garçon chez lui.

— Occupe-toi bien d'Alouette ! Dès que j'ai fini ici, je monte vous retrouver !

Louis entra en trombe dans le bureau, déposa le cadavre de Madeleine sur la table de Marius Belli et écarta le linceul devant l'assemblée horrifiée. Cette mise en scène macabre, la robe tachée d'épaisses auréoles brunes, ce visage blanc tel un suaire de marbre, ces mains crispées, figées dans le néant, semblant s'accrocher à un dernier souffle de vie, jetèrent l'épouvante parmi les conseillers qui s'écartèrent tous de la dépouille. Certains quittèrent la pièce.

— Ont-ils peur de regarder la vérité en face ?

— Monsieur Rosenberg, qu'est-ce que cela signifie ? s'écria le maire en rajustant ses lunettes.

Louis écarta les bras avec une lenteur majestueuse, austère, et tenta de se faire encore plus impressionnant. Le visage grave, impassible, il déploya son immense silhouette dégingandée.

— Voilà, messieurs, le résultat de votre silence ! Voilà le résultat de votre hypocrisie aveugle !

— Je ne vous permets pas de...

Il ne lui laissa pas achever sa phrase :

— Vous, monsieur le maire, comme tous les autres, vous êtes complice de la mort de Madeleine Barlet ! Couvrir un crime est une honte, indigne des hommes que vous êtes ! Vous me dégoûtez ! Vous êtes pitoyables !

Il se tourna vers le forgeron .

— Ce crime, monsieur le délégué, porte votre signature ou celle de Léon Barlet... Un coup de poignard en traître, dans un lieu isolé... Une femme et une petite fille seules, sans défense... Vous ne prenez pas trop de risques ! Comme le meurtre du bel Edmond de Cabris, un soir au fin fond du cimetière... Vous en souvenez-vous ? Faut-il que je vous rappelle de funestes souvenirs ?

Daumas, livide, le menton tremblant, se retint de tordre le cou à Louis. Il soufflait comme un bœuf. Son crâne dégarni suait. Furibond, il vomissait sa haine, éructait des grognements sourds. Il crispa ses doigts sur le dossier de la chaise qu'il brisa.

— Et vous avez peur de ce fanfaron ! continua Louis. Monsieur le maire, vous, vos élus et la population en général, faites preuve d'un sacré courage !

Sur ces paroles, il partit en claquant la porte, laissant Belli et Daumas face à face. Il rejoignit la voiture en traînant le pas, se laissa tomber sur le siège et posa le front sur le volant.

— Pour qui il se prend, ce tordu ? gueula Daumas. Cette folle a pu être lynchée par les ritals ! Pourquoi Barlet ? Qu'est-ce que j'ai à foutre là-dedans ?

— Je vous en prie, un peu de dignité ! s'écria Belli.

— Alors vous prenez la défense de cet imposteur ! Il vient nous insulter ici, nous accuser ! Si cette femme est crevée, qu'est-ce que j'y peux ? Avec des gens comme vous, on est bien montés ! Pauvre France !

— Madeleine Barlet n'était-elle pas votre sœur ? Au moins on peut dire que vous avez un extraordinaire esprit de famille et que le chagrin vous affecte. Au fait, où est votre beau-frère ?

— J'en sais fichtre rien ! Et puis ce n'était plus ma sœur ! C'était une traînée, une putain ! hurla Daumas.

On chercha Léon à la Bastide Blanche, aux falaises de Cabrière, au bois de Thiey. Les chasseurs furent mobilisés et organisèrent des battues, mais en vain. Le bougre avait bel et bien disparu. Séance tenante, Paul Barnouin fut intronisé adjoint au délégué en remplacement de Barlet.

— L'histoire éternellement recommence, baragouina Belli.

— Que voulez-vous dire ? reprit sèchement Daumas.

L'enterrement eut lieu dès le lendemain. Le tintement lugubre du glas sonna dans un village aux rues désertes. La cérémonie se réduisit à sa plus simple expression. Derrière le corbillard tiré par une mule, Marcel en aube noire portait la croix. Un drap noir aux liserés argentés épousait la forme du cercueil. Ignace Crucus, les mains jointes, ouvrait le cortège, suivi par la famille Philibert, Rémy, Alouette, et Louis Rosenberg.

Après une sommaire bénédiction, les gestes rituels, les prières de circonstance en latin, l'odeur âcre de l'encens, le curé prêcha que Dieu n'oubliait pas ses agneaux, que les portes de son royaume s'ouvraient toutes grandes aux pénitents. La procession se reforma et lentement se dirigea vers le cimetière.

La campagne exhalait précieusement ses atours. Des clochettes carillonnaient au loin, dans les collines. Les champs se bardaient de safran et ondulaient sous une brume de chaleur violette. L'Audibergue, fière et généreuse, pointait ses masses rocheuses, ses cimes claires et étincelantes.

On fit glisser la caisse en pin dans un trou creusé dans l'enclos de la fosse commune. Alouette ne put contenir ses larmes. Elle se serra contre Rémy.

Madeleine dormait à présent tout près du bel Edmond de Cabris.

26

L'école était finie, bien finie. Les vacances laissaient un grand vide dans la salle de classe. Louis ne se faisait aucune illusion sur la suite de sa carrière à Castelroche. Trop de rumeurs présageaient qu'il devenait gênant et indésirable. Marius Belli se réfugiait sous un reste d'autorité municipale. Les conseillers n'adressaient plus le bonjour au maître d'école. Daumas cherchait comment envoyer cet inopportun au diable vauvert. Colette l'ignorait. Paul le dévisageait de haut. D'ailleurs Louis ne fréquentait plus le café des Chasseurs. Seuls les gamins lui amenaient leurs sourires et leur gentillesse et, à tour de rôle, venaient lui tenir compagnie.

Le portail de la cour de récré était clos, le sable et le gravier ratissés, les communs nettoyés. La magie, l'intimité des jeux, le mélange de bonheur et de nostalgie, de bousculades et de courses, d'amitiés et de disputes, les instants d'émerveillement, de délice qui constituent les éternels souvenirs d'enfance, les souvenirs d'école étaient renvoyés à l'automne suivant.

Louis Rosenberg regarda la classe parfaitement rangée et propre, les bancs alignés, les cartes murales. Dans l'armoire à fournitures, il classa les photos, les cahiers, les carnets de notes, les livres, les multiples objets et trésors oubliés. Il parlait dans la salle vide, il parlait parce qu'il fallait évacuer ces choses qui encombraient son esprit. Il marchait lentement dans les allées, mesurait la distance qui séparait l'estrade de la première table, l'estrade du mur du fond, la fenêtre de la porte, la fenêtre de l'autre fenêtre... Malgré la grande nostalgie qui l'embarrassait, un mince espoir subsistait. Trois mois de vacances suffiraient peut-être à estomper les traces et les mortifications de cette sordide histoire et à apaiser les tensions. L'avenir dissiperait les rumeurs et évacuerait les rancunes. Laisser derrière soi les disputes, les sombres accusations, savoir pardonner, renouer les relations semblaient le seul remède pour reprendre le cours d'une vie normale et entamer la prochaine rentrée sous de meilleurs auspices. Mais il fallait attendre, les blessures étaient encore trop vives. Certes Louis avait pensé à demander une mutation, mais ce serait trahir la confiance que les gamins avaient placée en lui. Partir ne soulagerait pas son âme et laisserait un profond goût d'inachevé. Il ne pouvait décemment les abandonner en si bon chemin ! Il voyait devant lui ses élèves, assis sagement, les yeux écarquillés. Il entendait leurs chuchotements, leurs rires moqueurs. Il percevait leur malice et sentait la houle d'un chahut gronder. Il sourit et se laissa aller à une merveilleuse rêverie.

Il se recula contre la porte et, les mains dans les poches, une cigarette aux lèvres, admira une dernière fois cet endroit magique avant de donner un tour de clef, de tirer les volets de son logement et de quitter la maison d'école pour un repos mérité dans sa famille.

Des coups secs et insistants ébranlèrent le silence. Deux gendarmes pénétrèrent dans la pièce, suivis par un troisième homme à l'imperméable vert, au chapeau mou lui cachant les sourcils. Un individu qui d'un seul regard glaça Louis.

— Monsieur Louis Rosenberg ?

— Lui-même.

— Alors suivez-nous !

Ils remontèrent la rue Principale. Par la vitre de la Citroën 15, Louis vit défiler les commerces, le café des Chasseurs, la mairie, la place, le lavoir, la fontaine, le hameau des Amphons, la chapelle Saint-Antoine, le petit cimetière, la rivière et l'Audibergue. Une borne kilométrique indiqua la direction de Grasse. Louis Rosenberg ferma les yeux. Il se retrouva une nuit de novembre 1932, enfant, à Berlin.

Ce roman vous a plu,
vous aimerez aussi,
du même auteur…

Un Parfum de rose

Grasse, en 1920. Alors que l'industrie de la parfumerie atteint son apogée, intrigues et passions bouleversent l'univers secret des producteurs de roses Centifolia, la rose de mai, aux fragrances si rares.

Hélène et Elvire Rabuis, jumelles, filles de forgeron, rousses comme le feu et l'orge, ont souffert durant leur enfance de la pauvreté. Elles décident un jour d'user de leur intelligence et de leur beauté pour réussir. Elvire se fait embaucher chez Albert Maillan, le principal producteur de roses du pays. Celui-ci, rêveur et poète, tente de percer les mystères de cette fleur fascinante. Ses recherches éblouissent l'ensemble de la profession.

Ambitieuses et jalouses, les jumelles imaginent une machination diabolique afin de capter les propriétés, les inventions et la richesse d'Albert Maillan.

Dans ce passionnant roman à suspense, Jean Siccardi dépeint sur fond de magie et de traditions une Provence loin des clichés. Cet enivrant *Parfum de rose* transcrit la sensualité du monde floral, la science de sa culture, la précision du geste des cueilleuses, la subtile alchimie des parfums, la passion des hommes et des femmes qui y travaillent. Un roman qui éveille les sens et les émotions.

La Symphonie des loups

Dans le Mercantour, entre vallées et montagnes, la cohabitation des bergers et des loups est-elle possible ? Qui a raison ? Les bergers et leur travail pénible ? Ou bien le loup, sans cesse à la recherche d'un territoire ?

Enzo le berger, dont l'épouse Anna attend un fils, Ragan le loup et sa compagne qui va bientôt mettre bas, les brebis accompagnées de leurs agneaux en partance pour une longue transhumance, tous suivent le fil tout simple de la vie quotidienne. Jusqu'au drame fatal impliquant le cousin d'Enzo et le troupeau. Le premier accusé est le loup, le prédateur à éliminer coûte que coûte. La vengeance est sur toutes les lèvres. Une longue traque commence alors, une chasse impitoyable qui amènera Ragan le loup et Enzo le berger à un terrible face-à-face.

La Symphonie des loups **appartient au monde des grands romans qui sèment leurs légendes dans une mémoire séculaire et universelle. Cette histoire envoûtante, dans le cadre impressionnant et magnifique des Alpes, est avant tout un superbe hymne à la vie.**

DU MÊME AUTEUR

Romans

La Carriole. Editions Phébus, 1995 (Prix Gironde 1995)
Le Jas des terres longues, Editions du Comptoir, Paris, 1997
Le Bois des Malines, Presses de la Cité, 1999
La Nuit des abeilles, Albin Michel Jeunesse, 2000
Fugue italienne, Editions Jean-Claude Lattès, 2000
Les Roses rouges de décembre, Presses de la Cité, 2001
Le Batisseur de chapelles, Presses de la Cité, 2001
Louise de Mirabeau, La Marquise rebelle, Editions Anne Carrière, 2002 avec William Luret
Le Moulin de Siagne, Presses de la Cité, 2003
Un parfum de rose, Presses de la Cité, 2004
La Symphonie des loups, Presses de la Cité, 2005
Gaspard de Besse, Editions du Rocher, 2005

Livres d'art et de photographies

Nice 360°, Editions Priuli-Verlucca, Turin, 2001 (français – italien – anglais)
Garde fou, Editions lithographiques Georges Point, 1984

Littérature jeunesse

Terre est une vague amoureuse, Editions Grandir, 1991. Illustrations Haruhiko Kawasaki
L'Enfant de nacre, Editions Grandir, 1991. Gravures Elbiot Mazet
Le Chapeau de Myrtille, Editions Grandir, 1992. Illustrations Kota Tanuichi
Le Fil d'Ariane, Editions Grandir, 1994. Gravures Elbiot Mazet
Jérôme le fantôme, Editions Grandir, 1994. Illustrations Françoise Malnuit
Les Deux Frères et la Pierre de miroir, Editions Grandir, Alain Sèbe Image, 1994
Le Buveur d'étoiles, Editions Lo Païs, 1997. Illustrations Joly Guth
Marie et l'Etoile perdue, Editions du Ricochet, 1998. Illustrations Joly Guth (Prix 83 du livre jeunesse 1998)
Poemios au vent méchant, Pluie d'étoiles Editions, 1999. Illustrations Joly Guth
Dis Pierrot, c'est quand la récré ? Editions Lo Païs, 1999. Illustrations Joly Guth

Graine de lilas, Editions du Ricochet, 2000. Illustrations Joly Guth
La Gazelle aux yeux d'or, Albin Michel Jeunesse, 2002
Sagesses et malices du Touareg qui oublia son chameau, Albin Michel Jeunesse, 2003
Les Jardins de l'île, Editions du Rocher, 2003
Marie Poulpin's, Editions de l'Envol, 2004
Miloko, Editions du Rocher, 2004
La Complainte de Brindebout, Editions de l'Envol, 2005
Aména, ou la légende du Vent doux, Editions du Rocher, 2005

Poésie

Non-initiation, Les Paragraphes littéraires, Paris, 1978
La Mort de José Luis, Editions La Table rase, 1980
Maux dire, Editions Le Temps parallèle, 1982
Equinoxe du silence, Editions Le Temps parallèle, 1983
Du rouge sous les ongles, Editions Le Temps parallèle, 1986. Préface Jean Bouhier
Les Mains de pierre, La Bartavelle Editeur, 1988
L'oubli est un nuage silencieux, La Bartavelle Editeur, 1992

Théâtre

Les Braises de la liberté, La Bartavelle Editeur, 1989
Le corps qui parle, Les Cahiers de l'Egaré, 2001
Une journée avec des anges, Radio France, 2002

Anthologies

La Poésie du XXe siècle, t. III, Robert Sabatier, Editions Albin Michel, 1998
Anthologie des poètes du bonheur, André Giovanni, Editions Le Cherche Midi, 1990
Poésie I, Numéro 14, Poètes du Sud, Jean-Max Tixier, Editions Le Cherche Midi, 1998
Découverte des herbes de Provence, Gilbert Fabiani, Editions Equinoxe
Fleurs d'oliviers, Jacques Bonnadier et Joseph Pacini, Editions Alain Barthélemy, 2005

PRODUCTION JEANNINE BALLAND

Romans « Terres de France »

Jean Anglade
Un parrain de cendre
Le Jardin de Mercure
Y a pas d'bon Dieu
La Soupe à la fourchette
Un lit d'aubépine
La Maîtresse au piquet
Le Saintier
Le Grillon vert
La Fille aux orages
Un souper de neige
Les Puysatiers
Dans le secret des roseaux
La Rose et le Lilas
Avec le temps...
L'Ecureuil des vignes
Une étrange entreprise
Le Temps et la Paille
Sylvie Anne
Mélie de Sept-Vents
Le Secret des chênes
La Couze
Ciel d'orage sur Donzenac
La Maîtresse du corroyeur
Un horloger bien tranquille
Jean-Jacques Antier
Autant en apporte la mer
Marie-Paul Armand
La Poussière des corons
Le Vent de la haine
Le Pain rouge
La Courée
tome I *La Courée*
tome II *Louise*
tome III *Benoît*
La Maîtresse d'école
La Cense aux alouettes
Nouvelles du Nord
L'Enfance perdue
Un bouquet de dentelle
Au bonheur du matin
Le Cri du héron
Victor Bastien
Retour au Letsing
Henriette Bernier
L'Enfant de l'autre
L'Or blanc des pâturages
L'Enfant de la dernière chance
Françoise Bourdon
La Forge au Loup
La Cour aux paons
Le Bois de lune
Le Maître ardoisier
Les Tisserands de la Licorne
Le Vent de l'aube
Patrick Breuzé
Le Silence des glaces
La Grande Avalanche
Nathalie de Broc
Le Patriarche du Bélon
La Dame des Forges
Annie Bruel
La Colline des contrebandiers
Le Mas des oliviers
Les Géants de pierre
Marie-Marseille
Jean du Casteloun
Les Amants de Malpasset
Michel Caffier
Le Hameau des mirabelliers
La Péniche Saint-Nicolas
Les Enfants du Flot
La Berline du roi Stanislas
La Plume d'or du drapier
L'Héritage du mirabellier
Jean-Pierre Chabrol
La Banquise
Claire Chazal
L'Institutrice
Alice Collignon
Un parfum de cuir
Didier Cornaille
Les Labours d'hiver

Les Terres abandonnées
La Croix de Fourche
Etrangers à la terre
L'Héritage de Ludovic Grollier
L'Alambic
Georges Coulonges
Les Terres gelées
La Fête des écoles
La Madelon de l'an 40
L'Enfant sous les étoiles
Les Flammes de la Liberté
Ma communale avait raison
Les blés deviennent paille
L'Eté du grand bonheur
Des amants de porcelaine
Le Pays des tomates plates
La Terre et le Moulin
Les Sabots de Paris
Les Sabots d'Angèle
La Liberté sur la montagne
Les Boulets rouges de la Commune
Yves Courrière
Les Aubarède
Anne Courtillé
Les Dames de Clermont
Florine
Dieu le veult
Les Messieurs de Clermont
L'Arbre des dames
Le Secret du chat-huant
L'Orfèvre de Saint-Séverin
Paul Couturiau
En passant par la Lorraine
Annie Degroote
La Kermesse du diable
Le Cœur en Flandre
L'Oubliée de Salperwick
Les Filles du Houtland
Le Moulin de la Dérobade
Les Silences du maître drapier
Le Colporteur d'étoiles
La Splendeur des Vaneyck
Les Amants de la petite reine
Alain Dubos
Les Seigneurs de la haute lande
La Palombe noire
La Sève et la Cendre
Le Secret du docteur Lescat
Marie-Bernadette Dupuy
L'Orpheline du bois des Loups
Les Enfants du Pas du Loup
La Demoiselle des Bories
Elise Fischer
Trois Reines pour une couronne
Les Alliances de cristal
Mystérieuse Manon
Le Soleil des mineurs
Laurence Fritsch
La Faïencière de Saint-Jean
Alain Gandy
Adieu capitaine
Un sombre été à Chaluzac
L'Enigme de Ravejouls
Les Frères Delgayroux
Les Corneilles de Toulonjac
L'Affaire Combes
Les Polonaises de Cransac
Le Nœud d'anguilles
L'Agence Combes et Cie
Suicide sans préméditation
Fatale Randonnée
Gérard Georges
La Promesse d'un jour d'été
Les Bœufs de la Saint-Jean
L'Ecole en héritage
Le Piocheur des terres gelées
Michel Hérubel
La Maison Gelder
La Falaise bleue
Tempête sur Ouessant
Le Démon des brumes
Denis Humbert
La Malvialle
Un si joli village
La Rouvraie
La Dent du loup
L'Arbre à poules
Les Demi-Frères
La Dernière Vague
Yves Jacob
Marie sans terre

Les Anges maudits de Tourlaville
Les blés seront coupés
Hervé Jaouen
Que ma terre demeure
Au-dessous du calvaire
Les Ciels de la baie d'Audierne
Guillemette de La Borie
Les Dames de Tarnhac
Jean-Pierre Leclerc
Les Années de pierre
La Rouge Batelière
L'Eau et les jours
Les Sentinelles du printemps
Un amour naguère
Julien ou l'Impossible Rêve
Hélène Legrais
Le Destin des jumeaux Fabrègues
La Transbordeuse d'oranges
Les Herbes de la Saint-Jean
Louis-Jacques Liandier
Les Gens de Bois-sur-Lyre
Les Racines de l'espérance
Jean-Paul Malaval
Le Domaine de Rocheveyre
Les Vignerons de Chantegrêle
Jours de colère à Malpertuis
Quai des Chartrons
Les Compagnons de Maletaverne
Le Carnaval des loups
Les Césarines
Grand-mère Antonia
Une maison dans les arbres
Dominique Marny
A l'ombre des amandiers
La Rose des Vents
Et tout me parle de vous
Pascal Martin
Le Trésor du Magounia
Le Bonsaï de Brocéliande
Louis Muron
Le Chant des canuts
Henry Noullet
La Falourde
La Destalounade
Bonencontre
Le Destin de Bérengère Fayol
Le Mensonge d'Adeline
L'Evadé de Salvetat
Les Sortilèges d'Agnès d'Ayrac
Le Dernier Train de Salignac
Michel Peyramaure
Un château rose en Corrèze
Les Grandes Falaises
Frédéric Pons
Les Troupeaux du diable
Les Soleils de l'Adour
Passeurs de nuit
Jean Siccardi
Le Bois des Malines
Les Roses rouges de décembre
Le Bâtisseur de chapelles
Le Moulin de Siagne
Un parfum de rose
La Symphonie des loups
Bernard Simonay
La Fille de la pierre
Jean-Michel Thibaux
La Bastide blanche
Le Secret de Magali
La Fille de la garrigue
La Colère du mistral
L'Homme qui habillait les mariées
La Gasparine
L'Or des collines
Le Chanteur de sérénades
La Pénitente
L'Enfant du mistral
Jean-Max Tixier
Le Crime des Hautes Terres
La Fiancée du santonnier
Le Maître des roseaux
Marion des salins
Le Mas des terres rouges
Brigitte Varel
Un village pourtant si tranquille
Les Yeux de Manon
Emma
L'Enfant traqué
Le Chemin de Jean

L'Enfant du Trièves
Le Déshonneur d'un père
Blessure d'enfance
Louis-Olivier Vitté
La Rivière engloutie
Colette Vlérick
La Fille du goémonier
Le Brodeur de Pont-l'Abbé
La Marée du soir
Le Blé noir

Récit « Terres de France »

Albine Novarino
George Sand ou l'Amour du Berry

Collection « Sud Lointain »

Sylvie Anne
L'Appel de la pampa
Jean-Jacques Antier
Le Rendez-vous de Marie-Galante
Marie-Galante, La Liberté ou la Mort
La Dame du Grand-Mât
Le Sixième Condamné de l'Espérance
Erwan Bergot
Les Marches vers la gloire
Sud lointain
tome I *Le Courrier de Saïgon*
tome II *La Rivière des parfums*
tome III *Le Maître de Bao-Tan*
Rendez-vous à Vera-Cruz
Mourir au Laos
Jean Bertolino
Chaman
Fura-Tena
Anne Courtillé
Le Mosaïste de Constantinople
Paul Couturiau
Le Paravent de soie rouge
Le Paravent déchiré
L'Inconnue de Saigon
Les Amants du fleuve Rouge
Le Pianiste de La Nouvelle-Orléans
Les Brumes de San Francisco
Alain Dubos
Acadie, terre promise
Retour en Acadie
La Plantation de Bois-Joli
La Baie des maudits
Elise Fischer
L'Enfant perdu des Philippines
Hubert Huertas
L'Orque de Magellan
Hervé Jaouen
L'Adieu au Connemara
Eric Le Nabour
Orages sur Calcutta
Les Démons de Shanghai
Sonia Marmen
La Vallée des larmes
La Saison des corbeaux
Dominique Marny
Du côté de Pondichéry
Les Nuits du Caire
Cap Malabata
Juliette Morillot
Les Orchidées rouges de Shanghai
Michel Peyramaure
Le Pays du Bel Espoir
Les Fleuves de Babylone
Les Tambours sauvages
Bernard Simonay
Les Tigres de Tasmanie
La Dame d'Australie
Princesse maorie

Jean-Michel Thibaux
La Fille de Panamá
Tempête sur Panamá
La Pyramide perdue
Colette Vlérick
Le Domaine du belvédère

Romans

Alain Gandy
Quand la Légion écrivait sa légende
Hubert Huertas
Nous jouerons quand même ensemble
La Passagère de la « Struma »
Terminus Pondichéry
Denis Humbert
Un été d'illusions
Dominique Marny
Mes nuits ne sont pas les vôtres
Michel Peyramaure
Pacifique Sud
Louisiana
Le Roman de Catherine de Médicis
Jean-Michel Thibaux
Le Roman de Cléopâtre

Achevé d'imprimer sur les presses de

BUSSIÈRE

GROUPE CPI

à Saint-Amand-Montrond (Cher)
en août 2006
pour les Presses de la Cité

Composé par Nord Compo
à Villeneuve-d'Ascq

N° d'édition : C 06803. – N° d'impression : 062932/1.
Dépôt légal : septembre 2006.

Imprimé en France